Nur ein paar Stündchen

4H

Nix wie raus, ganz schnell ins Grüne. Auch mit wenig Zeit lässt sich Großartiges erleben. Kleine und große Abenteuer warten direkt vor der Haustür.

Raus für einen Tag

12H

Man muss nicht das Land verlassen, um neue Welten zu entdecken. Einfach mal einen Tag lang raus aus dem Alltagsallerlei und rein in die Natur.

Ferien für ein Wochenende

36H

Warum auf die große Auszeit warten, wenn man einen Wochenendtrip in der Nähe machen kann? Vergnügen, Abenteuer und Wohlgefühl kompakt und intensiv.

Abenteuer
ESKAPADEN
AUSZEIT
AUSGLEICH
Wochenende
LÄCHELN
STADT.LAND.
FLUSS.
LEICHTIG-
KEIT
FREE
ERLEBEN
GRÜN
kleine
Fluchten
Wege
Lebensfreude
NATUR
GLÜCK
von Sandra Kathe

ABSTECHER
AB SEITE 8

AUSFLÜGE
AB SEITE 90

MINIURLAUB
AB SEITE 172

LIEBE LESERIN, LIEBER LESER,

Wäre Deutschland eine Dartscheibe, die Region rund um Kassel wäre schon arg nah dran am Bullseye – der vollen Punktzahl. Und das nicht nur geografisch bedingt.

Felsen aus Basalt und Wesersandstein schaffen schroffe Landschaften und fantastische Aussichtspunkte, von denen aus die Wasserwege, Stauseen und Naturschutzgebiete noch ein bisschen spektakulärer wirken. Und beim Abstecher in die Städte warten Fachwerk, Festungen und märchenhafte Parks, die von jahrhundertealten Anekdoten erzählen, als wären sie erst gestern passiert. Kein Wunder, dass die Gebrüder Grimm hier ein Meer von Geschichten für ihre berühmte Märchensammlung gefunden haben. Bereit, eigene Abenteuer zu erleben?

Viele wunderbare Eskapaden in Kassel und Nordhessen wünscht Ihnen, dir und euch

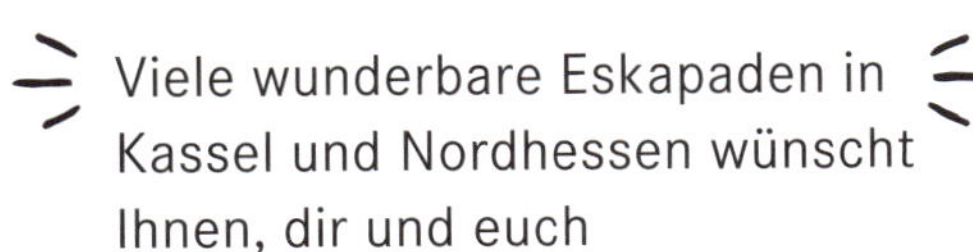

PS: Informationen zum GPX-Download gibt's auf Seite 224.

AUSZEIT.
ABENTEUER.
LEBENSFREUDE.

1. KAPITEL ABSTECHER

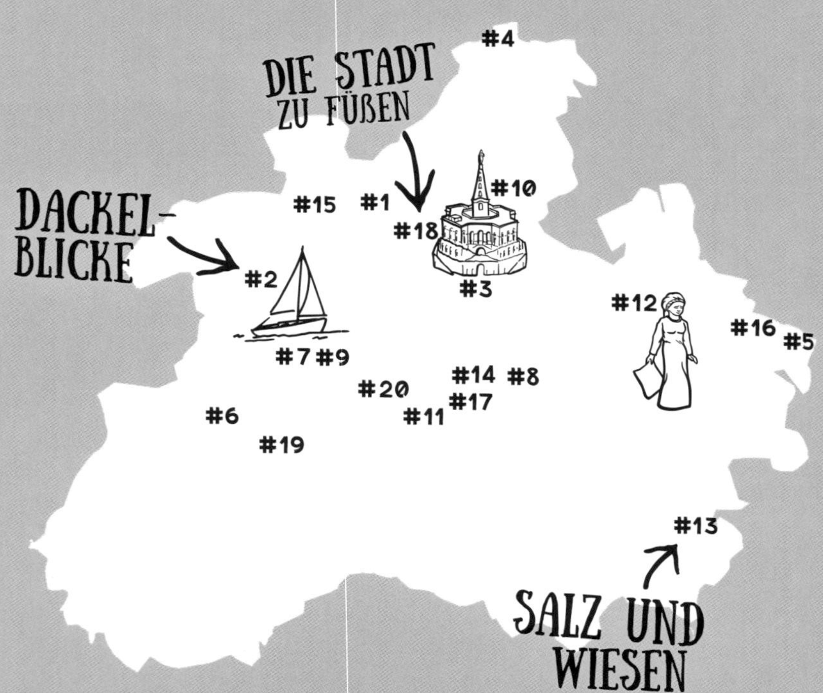

Nur ein paar Stündchen

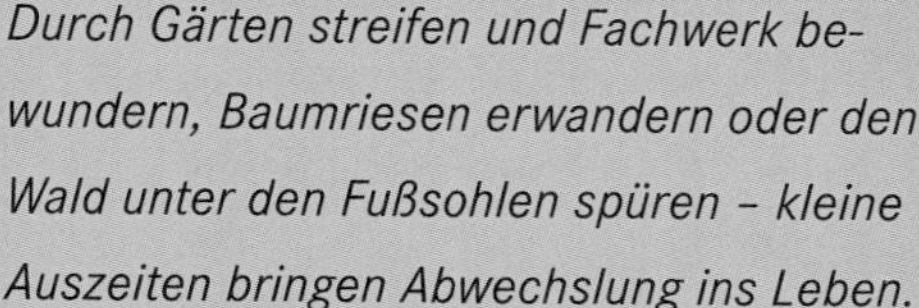

Durch Gärten streifen und Fachwerk bewundern, Baumriesen erwandern oder den Wald unter den Fußsohlen spüren – kleine Auszeiten bringen Abwechslung ins Leben.

→ ABSTECHER …

GERÖLL-LAWINE

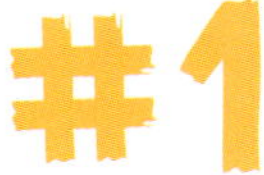

Es gibt Dinge, die mögen sich in Nordhessen erst mal ganz weit weg anfühlen. Meerwasser und Nordlichter etwa, oder schneebedeckte Berggipfel und Vulkangestein. Aber manchmal lohnt sich ein näherer Blick und man findet zumindest Spuren von einem davon – und dann auch noch jede Menge auf einem Haufen.

#abinsMagma #Trittsicherheit #imZickzackkurs #SteinezählenfürProfis

Über Stock und Stein war als Geländebeschreibung selten so treffend wie hier.

Man stelle sich vor, ein ganzes Meer aus Steinen rauscht polternd einen Abhang runter, immer weiter bergab ins Tal. Scheinbar unaufhörlich bewegt sich die Lawine vorwärts, bahnt sich ihren Weg durch die Landschaft. Und dann macht es plötzlich, ganz mir nichts, dir nichts, schnipp, und die Zeit bleibt stehen – einfach so ...

Kein Geräusch außer dem Wind, der die Wipfel zum Rascheln bringt, und irgendwo ganz weit oben den Rufen des Habichts. Die Steine aber, die bleiben ganz laut- und regungslos liegen, als wäre nie was passiert ... Und wirken vom einen Moment auf den anderen, als wären sie schon immer hier gewesen.

Zu den Blauen Steinen, so heißt das Naturdenkmal am Südhang des Schreckensbergs oberhalb von Zierenberg, startet man am besten am Bahnhof oder am Wanderparkplatz unweit des Freibads. Ab hier geht's bergauf, und das auch in Sachen Naturerlebnis. Schon im Bereich des bewaldeten Wegabschnitts fühlt man sich zwischen bizarren Holzformationen ganz klein inmitten faszinierender Natur.

Auftritt Blaue Steine: Beim Abbiegen offenbart sich das ganze Ausmaß des Basaltfelds und lässt einem für einen kurzen Moment den Mund offen stehen. Dann nimmt das Gefühl des Zwergseins überhand. Als blau wird der Basalt, der aus ehemals vulkanischem Magma übrig geblieben ist, übrigens deshalb bezeichnet, weil die Steine bei bestimmten Lichtverhältnissen wirklich blau wirken sollen. Tun sie das gerade nicht, hat man eben kein günstiges Licht erwischt und damit immer wieder einen Grund, an den magischen Ort zurückzukommen.

Von hier aus führen schmale Pfade im Zickzack durchs Geröll zu immer weiteren Ausblicken. Wer mag, wandert bis ganz nach oben, wo es nur noch wenige Meter bis zum Schreckensbergturm sind. Hier erwarten genussfreudige Besucher gefühlt endlose Aussichten. Und dem Habicht, der sich die ganze Zeit so laut bemerkbar macht, dem kann man von hier oben schon fast in die Augen schauen.

Das Basaltfeld ist während einer Eiszeit vor Hunderttausenden Jahren entstanden.

FAZIT: DASS DIE VULKANISCHE GEFAHR SEIT MILLIONEN JAHREN GEBANNT IST, HEIßT NICHT, DASS DIE ERDAKTIVITÄT NICHT HEUTE NOCH FASZINIERT.

Hin & weg: Mit der Bahn bis Zierenberg oder mit dem Auto zum Wanderparkplatz am Freibad.

Beste Zeit: Ab März, wenn die Natur sich wieder in Grün hüllt.

Dauer & Strecke: 2 Std. Hin- und Rückweg, 4,5 km, 191 Hm.

Ausrüstung: Gutes Schuhwerk kann nicht schaden.

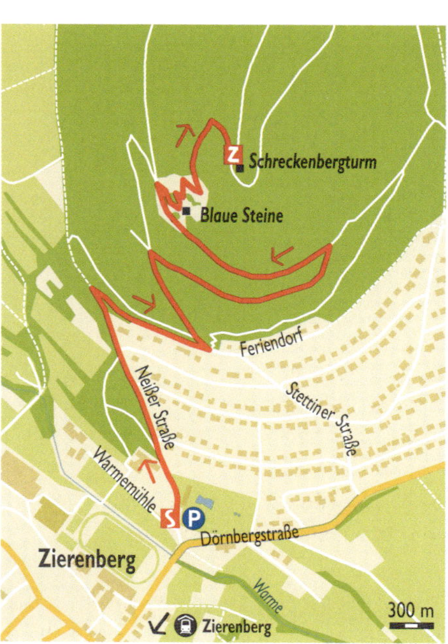

VOR UNSERER ZEIT

... an der Korbacher Spalte

Was so ein alter Steinbruch nicht alles zutage bringt. Etwas außerhalb von Hessens einziger Hansestadt Korbach liegt die zweitälteste Fossilien führende Spalte der Welt – der Beweis dafür, dass Nordhessen mal direkt am Meer lag.

#Fossiliensuchen #ZeitreisedurchdieErdgeschichte #echterDackelblick

Überlebensgroß: Der richtige »Korbacher Dackel« maß gerade einmal gute 60 Zentimeter.

→ ABSTECHER ...

258 Millionen Jahre, das muss man sich mal auf der Zunge zergehen lassen. Zur Zeit, als die Korbacher Spalte infolge eines Erdbebens entstand und kurz danach nach starken Regenfällen auch schon mit Sedimenten aller Art wieder verfüllt wurde, war an den Menschen noch längst nicht zu denken – und noch nicht mal an das, was man sich heute dank Steven Spielberg und Co. unter Dinosauriern vorstellt.

Einer der Bewohner der Region, die seinerzeit noch am Meer lag, war das säugetierähnliche Reptil Procynosuchus, dessen vergrößerte Nachbildung den Touristen in Korbach, etwas abseits des Stadtkerns, den richtigen Abzweig zum Ziel des Abstechers weist: »Hier geht's lang!«, scheint das Wesen zu sagen, dem man mal eben Glubschaugen und einen treudoofen Dackelblick verpasst hat. Einmal kurz um die Ecke gebogen, ist man auch schon mittendrin

in der Faszination Erdgeschichte. 1000 Meter lang, 20 Meter tief und bis zu vier Meter breit ist der Ort, an dem man die Gebeine des Tieres vor Jahrzehnten gefunden hat.

Und nicht nur die. Als älteste ihrer Art in ganz Europa hat man in der Korbacher Spalte seit ihrer Entdeckung in den 1960er-Jahren bei Sucharbeiten eine ganze Menge versteinerter Fundstücke zutage gebracht, die der Wissenschaft wichtige Fragen beantworten konnten. Neben der Grube Messel in Südhessen gilt sie als wichtigstes paläontologisches Bodendenkmal Hessens.

Und so rückte auch der »Korbacher Dackel« ins Rampenlicht, das »Vor-Hunde-Krokodil«, wie man Procynosuchus aufgrund seiner tatsächlichen Länge von knapp 60 Zentimetern und seinen kurzen Beinchen letztlich hier getauft und zum inoffiziellen Maskottchen der Stadt gemacht hat. Wer ihn passiert hat, sollte unbedingt mal so nah man eben darf an die Spalte rangehen und die faszinierenden Gesteinsformationen begutachten. Dazu gibt's auf dem öffentlich zugänglichen Platz vor dem ehemaligen Steinbruch, in dem man

---

Hin & weg: Mit der Bahn nach Korbach-Süd oder per Auto direkt zum Parkplatz vor dem Eingang zum Gelände.

Beste Zeit: März–August. Wer den Ort ganz in Ruhe genießen will, kommt unter der Woche.

Dauer & Strecke: 45 Min. als Miniabstecher; in 15 Min. und 1,5 km ist man von der Haltestelle Korbach-Süd zur Spalte spaziert.

Ausrüstung: Was zum Ranzoomen. denn die Gesteinsoberflächen sind hier echt faszinierend.

Metall auf Gestein: Mit dem Kratztest lassen sich gut die Unterschiede zwischen Sandstein, Grauwacke oder Schiefer erkennen.

die Spalte gefunden hat, viele lehrreiche Infos zur Entstehungs- und Grabungsgeschichte sowie Experimentierstationen, an denen man etwa die unterschiedlichen Härtegrade von Gesteinsarten testen kann.

Wer ohnehin mit der Bahn gekommen ist und wieder zurück Richtung Innenstadt muss, kann auch gleich Korbach selbst noch einen Besuch abstatten, denn die Stadt hat nicht nur eine Säugetier-Reptilien-Dackel-Krokodilmischung als Kuriosum vorzuweisen, sie ist auch die einzige Hansestadt Hessens.

FAZIT: DIE EHEMALIGE LAGE DIREKT AM MEER HAT AUF MEHR ALS EINE ART SPUREN HINTERLASSEN.

Cactaceae
Mammillaria
polythele ssp. obconella
Mexiko

SELTENE GEWÄCHSE

Mit seiner prächtigen Lindenallee, einer geheimnisvollen Farnschlucht, riesiger Pflanzenvielfalt und herrlich stillen Winkeln ist der Botanische Garten in Kassel der beste Ort, um zu beobachten, was genau die Jahreszeiten mit der Natur anstellen – vor allem, wenn alle Zeichen auf Frühlingsbeginn stehen.

#gepflegteWildnis #jetztwirdsbunt #Achtungstachlig

Zwischen Kräutern und Blüten lassen sich herrliche Düfte erschnuppern.

Wenn der Frühling erwacht, bekommt das ein Ort in der Stadt ganz besonders zu spüren: Von allen Seiten hüllt sich der Botanische Garten im Norden des Kasseler Parks Schönfeld in bunte Farben und Dutzende Grüntöne, ein Summen und Flattern liegt in der Luft. Der Winterschlaf ist in der über 100 Jahre alten Anlage endlich vorbei – und eigentlich muss man jeden Tag zum Spaziergang hierherkommen, wenn man wirklich nichts verpassen will.

Das könnte man theoretisch sogar tun. Dafür sorgt der Umstand, dass man den denkmalgeschützten Garten im Gegensatz zu vielen anderen Gärten seiner Art während der Öffnungszeiten (www.botanischer-garten-kassel.de) kostenlos betreten kann. Auch das Kakteenschauhaus ist während eines Großteils der Öffnungszeiten frei zugänglich. Vor lauter stacheligen Riesen und gigantischen Agaven kann man die Jahreszeiten zwischen seinen schützenden Wänden fast mal für einen Moment vergessen.

Doch eigentlich wäre der schöne Frühlingstag ja doch viel zu schade, um zu viel Zeit drinnen zu verbringen – also führt die Erkundungstour nach dem faszinierenden Abstecher schnell wieder ab nach draußen unter die austreibenden Äste der Lindenallee, die direkten Zugang zu vielen der Gartenbereiche ermöglicht. Hinweisschilder und Informationstafeln klären dort dann über Arten und Besonderheiten auf.

Zum Beispiel im Heilkräutergarten, der die ganze Umgebung mit immer intensiveren frischen Düften versorgt, je näher der Sommer rückt. Mit Nutzpflanzen wie Kräutern hat hier

Im Botanischen Garten steckt eine Menge ehrenamtlicher Arbeit: Allein Hunderte Kakteen und Sukkulenten erfordern viel Pflege.

einstmals auf dem vom Park Schönfeld abgetrennten Areal auch mal alles angefangen – die Geschichte des Botanischen Gartens startete 1912 als Schulgarten für die Stadt. Den Grundstein für das Gartenparadies von heute mit prächtigen Stauden, einem schattenspendenden Baumbestand aus aller Welt und hübschen Seerosenbecken legte erst die Umgestaltung im Zuge der Vorbereitungen auf die Bundesgartenschau in den 1950er-Jahren.

Die Vielfalt, die hier geschaffen wurde, sorgt jetzt dafür, dass der Garten ganz unabhängig von der Jahreszeit einer der schönsten Flecken ist, um dem Rummel der Stadt ganz ohne lange Anfahrt einfach mal für einige Zeit zu entkommen. Und wenn man gleichzeitig der Natur beim Erwachen zusehen und beobachten kann, wie nach dem Winter wieder alles langsam Farbe annimmt, macht das Draußensein besonders viel Spaß – und gibt einen Vorgeschmack auf alles, was der Sommer noch so in petto hat …

FAZIT: HIER ZEIGT SICH EINDRUCKSVOLL, WIE BUNT DIE NATUR SEIN KANN.

Hin & weg: Straßenbahn Linien 5 oder 6 bis Park Schönfeld oder Bus Linie 12 bis Feerenstraße.

Beste Zeit: März–Juni.

Dauer: 2 Std.

Ausrüstung: Wer mehr wissen will: App zum Pflanzenbestimmen, beispielsweise PictureThis.

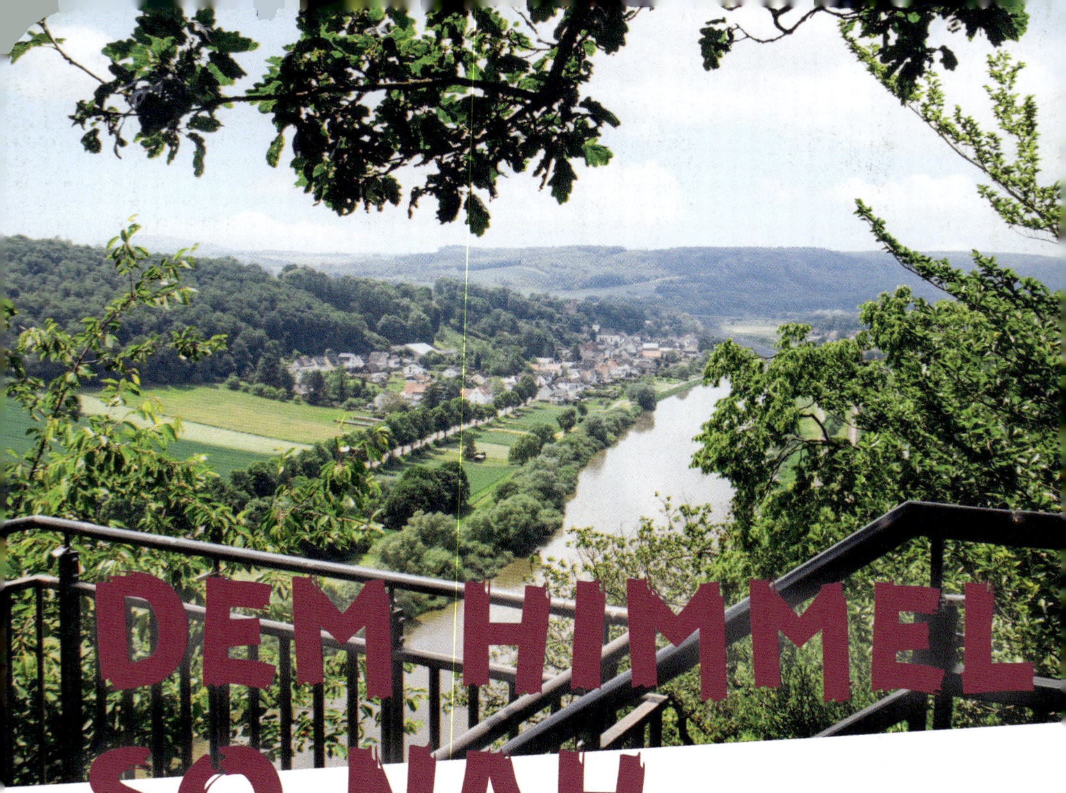

DEM HIMMEL SO NAH

... am Weser Skywalk

#4

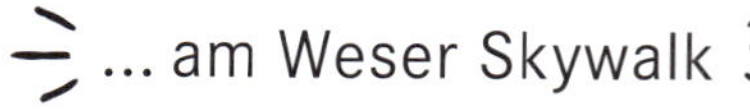

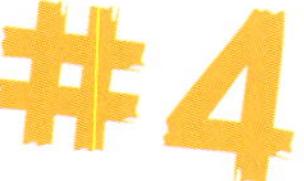

80 Meter oberhalb von Klippen, Fluss und Landschaft sorgt der Weser Skywalk für einzigartige Perspektiven, irgendwo mittendrin im Dreiländereck zwischen Hessen, Niedersachsen und Nordrhein-Westfalen.

→ ABSTECHER ...

Beim Spaziergang über die Klippen sorgt der Höhenunterschied zur Weser für herrliche Ausblicke.

Von hier oben, gute 80 Meter oberhalb der Weser, sieht die Welt gleich ein bisschen anders aus. Der Fluss endlos weit, das Land noch ein bisschen hügeliger und die eigentlich recht stattlichen Ausflugsschiffe, die unten über die Weser schippern, wirken fast ein wenig wie im Spielzeugformat. Da hat sich der Aufstieg hier rauf doch auf jeden Fall schon mal gelohnt.

Dabei startet die Tour als gemächlicher Spaziergang erst mal ganz entspannt an der Weser entlang. Am Bahnhof in Bad Karlshafen geht's los, wenige Meter weiter passiert man direkt die erste Landesgrenze des Tages nach Nordrhein-Westfalen. Am Eingang des Bad Karlshafener Nachbarorts Würgassen wird dann der Weg Richtung Klippen eingeschlagen, der Aufstieg beginnt, der Kurzabstecher

Die Hannoverschen Klippen bestehen aus sieben nebeneinanderliegenden Steilfelsen. Aus dem höchsten von ihnen ragt die Plattform heraus.

nach NRW endet. Hallo Niedersachsen! Der Fußweg über die Hannoverschen Klippen verläuft zumindest genau auf der Grenze. Ihren Namen verdanken die bis zu 75 Meter hohen Steilhänge aus Wesersandstein der langjährigen Zugehörigkeit zum Königreich Hannover. Dass heute alle was davon haben – Hessen, Nordrhein-Westfalen und Niedersachsen –, dafür sorgt die Attraktion, die vor einigen Jahren aus 25 Tonnen Stahl in den östlichsten

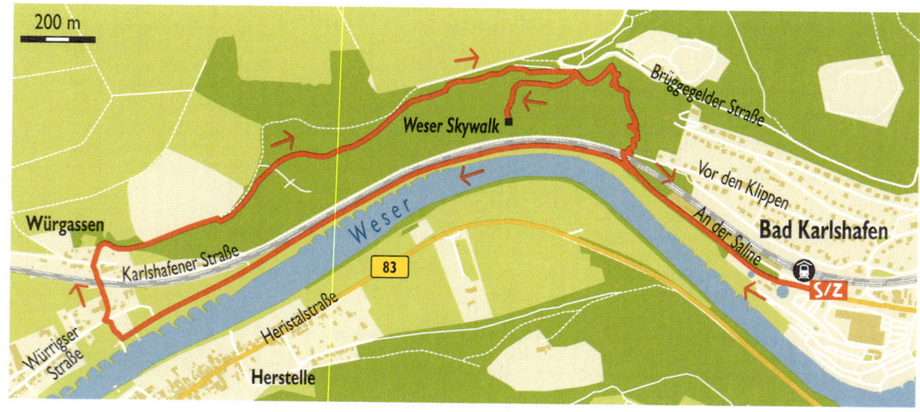

der sieben Felsen hineingebaut wurde: der Weser Skywalk. Gute vier Meter weit führen hier Treppen auf eine Plattform vor die Bäume.

Von hier erreicht man nicht nur einen der höchsten Punkte der Klippen, sondern auch das beste Panorama. Die Barockstadt Bad Karlshafen zur Linken, die sanften Hügel des Weserberglands, die wenig weiter in den Teutoburger Wald übergehen, zur Rechten. Dabei ragt der Aussichtspunkt ein Stückchen oberhalb der Felsen in die Landschaft - ein richtiger »König der Welt«-Moment, wenn man denn schwindelfrei an die Sache herangehen kann.

Von hier aus geht's wieder zurück auf den Waldpfad oberhalb der Klippen und über die Treppen des Klippensteigs zurück Richtung Bad Karlshafen. Den Überblick, in welchem Bundesland man gerade genau läuft, hat man unterwegs schon ein bisschen verloren, aber bei solchen Ausblicken spielen Grenzen ja ohnehin keine Rolle mehr...

FAZIT: PERFEKTE EINSTIEGSWANDERUNG INS WESERBERGLAND – MIT EINEM FULMINANTEN FINALE.

Hin & weg: Bahn bis Bad Karlshafen, von hier zu Fuß zu den Klippen.

Beste Zeit: März–Juni.

Dauer & Strecke: 2 Std., 5,8 km, 181 Hm.

Ausrüstung: Gute Schuhe für ein bisschen Trittfestigkeit.

FALL FÜR GENIEßER

Unterwegs Richtung Plesse warten geheimnisvolle Landschaften, bunte Frühlingswiesen und Grenzerfahrungen am Grünen Band – eine Vielfalt, mit der sich der Wandersommer optimal einläuten lässt.

#MiniWasserfälle #Grenzgeschichten #bereitfürdenSommer #aufElfensuche

Wenn das Grün immer dichter wird und das Plätschern immer lauter, da kann man sich vorstellen, wie das Gebiet irgendwann zu seinem klingenden Namen kam: Elfengrund. Im dichten buschigen Bewuchs hätten die fantastischen Wesen des Waldes ein ideales Versteck, im Funkeln der Wassertropfen des Gatterbachs, der hier in kleinen Kaskaden in ein verwunschenes Bett plätschert, die perfekte Tarnung. Und in den zahllosen bunten Schmetterlingen, die im Frühsommer auf den herrlich bunten Wiesen und Feldern unweit

Hören kann man den plätschernden Wasserfall schon von Weitem, ihn im Meer von Grün zu sehen kann gerade im Sommer dagegen auch mal schwieriger werden.

des Wasserfalls für Leben sorgen, auch noch tolle Spielgefährten.

Aber solange sich keine Elfen sehen lassen, muss man hier, am Premiumwanderweg Plesse, eben einfach mit dem vorliebnehmen, was da ist: der atemberaubenden Natur. Der seltene Kalktuff, der durch den ausgeprägten Kalkgehalt des Grundwassers in der Gegend entstanden ist, schafft eine faszinierende Grundlage für das Wasser des Gatterbachs, das sich hier seinen Weg bergabwärts Richtung Werra sucht. Der dichte Bewuchs des Waldes sorgt für Urwaldgefühle und die steile Felswand aus Muschelkalk am Südhang des knapp 480 Meter hohen Bergs Plesse schon von Weitem für herrliche Aussichten.

Unterwegs Richtung Plesse und zum gleichnamigen Aussichtsturm überquert der Weg, der nah am östlichsten Punkt Hessens vorbeiführt, kurz die Grenze zu Thüringen und gibt einen kleinen Einblick in das naturgeschützte Grüne Band, das heute auf über 1000 Kilometern alter DDR-Grenze paradiesische Lebensräume für Pflanzen und Tiere schafft.

Verlängern lässt sich die Tour, indem man – am Stadtrand von Wanfried angekommen – einfach noch einen kleinen Abstecher zu Fachwerk- und Hafentradition anhängt. Am historischen Hafen, über den vor Jahrhunderten Waren aus aller Welt in die Region kamen, kann man heute herrlich direkt an der Werra sitzen und sich nach der Wanderung ein Päuschen in der Hafengaststätte (www.zurschlagd.de) gönnen. Wenige Hundert Meter von hier plätschert ein alter Bekannter ganz entspannt in die Werra – das Wasser des Gatterbachs macht sich jetzt bereit für neue Abenteuer.

FAZIT: WENN ES EINEN ORT GIBT, UM DEN GLAUBEN AN DIE FANTASIEWESEN DES WALDES ZU ÜBERDENKEN, DANN HIER.

Hin & weg: Wanderparkplätze Grillplatz Wanfried oder Elfengrund. Busse 170 oder 230 bis Wanfried Werraaue.

Beste Zeit: April–Juni, bevor die geflügelten Fressfeinde des Menschen Wald und Wiesen bevölkern.

Dauer & Strecke: 3 Std. 9,1 km, 247 Hm.

Ausrüstung: Proviant für unterwegs.

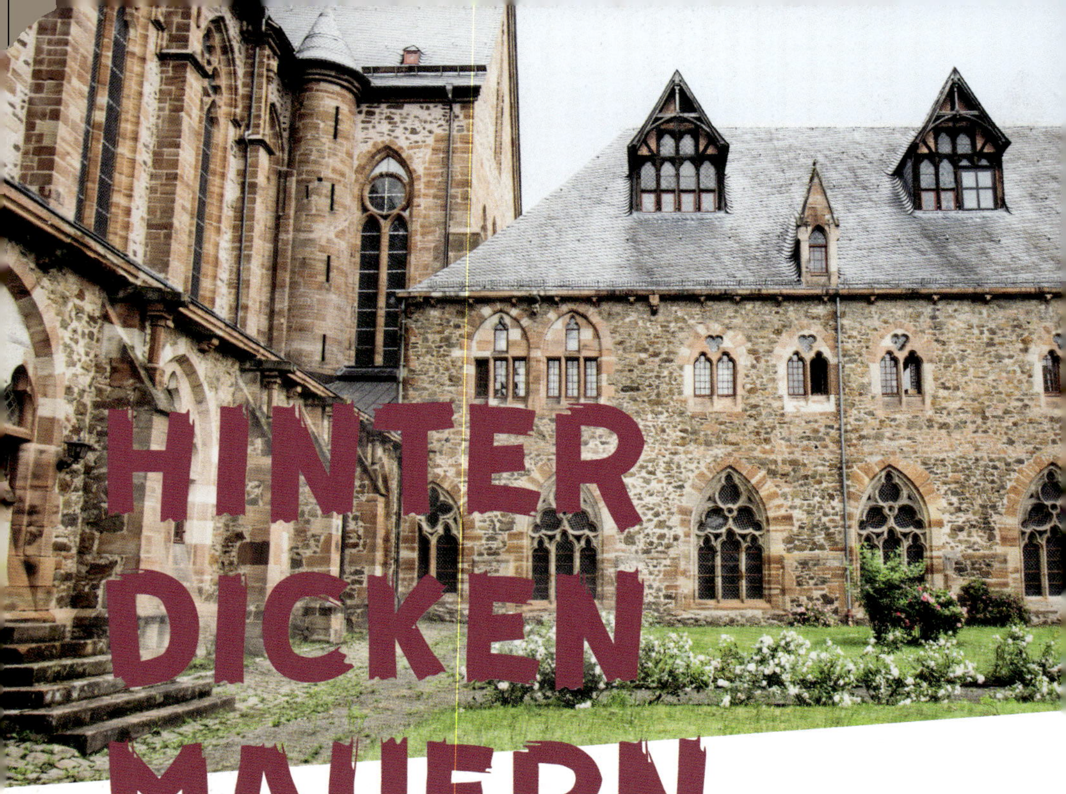

HINTER DICKEN MAUERN

... im Kloster Haina

Vor über 800 Jahren legten Mönche den Grundstein für eine der bedeutendsten Klosteranlagen Hessens – mittendrin in der herrlichen Natur des Kellerwalds. Und schufen damit einen magischen Ort, an dem man die Stille noch so richtig genießen kann.

#woSchrittehallen #aufSchleifenimRosengarten #schlichteSchönheit

→ Abstecher ...

Ob Experten gotischer Baukunst oder absolute Laien – die Details der Klosterarchitektur können jeden begeistern.

Es gibt Orte, da haben die allerkleinsten Dinge die stärkste Wirkung. Schrittgeräusche auf Stein, die hin und wieder kontrastvoll die Stille durchbrechen. Bunte Farbtöne von zahlreichen Rosenarten, die trotz ihrer Unterschiede die perfekte Harmonie bilden. Oder die immer wieder wechselnde Wahrnehmung des Lichts, bei jedem einzelnen Schritt durch die Korridore eines Kreuzgangs, der wortlos die Geschichte von Hunderten Jahren erzählt. Das Kloster Haina ist ohne Frage einer dieser Orte.

Dafür sorgt auch die recht versteckte Lage des nach dem Kloster benannten Orts im Landkreis Waldeck-Frankenberg im Wohratal im südlichen Ausläufer des Kellerwalds. Etwas nördlich von hier beginnt schon der Nationalpark, und so ist es wohl auch kein

Wunder, dass sich die Zisterziensermönche gerade diese herrlich ruhige Gegend für ihr Kloster aussuchten.

Schon im Sommer 1215 wurde hier der Grundstein für die Kirche gelegt, der Bau der Klosteranlagen ringsum folgte nach und nach in den nächsten Jahrzehnten. Von der bescheidenen Lebensweise der Zisterzienser, die sich traditionell einem arbeitsreichen und wenig prunkvollen Leben verschrieben hatten, erzählt das Kloster auch bei einem Besuch in

Im Kreuzgang sorgt das Zusammenspiel von Sonne und Architektur für immer neue Kunstwerke.

der heutigen Zeit. Ausufernde Dekorationen gibt es hier keine, dafür zeigt sich die majestätische Kloster- und Kirchenarchitektur vergangener Jahrhunderte in ihrer Reinform. Als ob die nicht schon beeindruckend genug wäre!

Nach einem kurzen Rundgang durch die Kirche führt der Kreuzgang, der stellenweise ein wenig an einschlägige Blockbuster über das Leben an einer Zaubereischule irgendwo zwischen England und Schottland erinnert, auch in den Klosterhof, wo bunte Rosen blühen und absolute Stille herrscht.

Wobei man sich auch mal die Frage stellen kann, was eigentlich mit den Mönchen passiert ist ... Die kurze Antwort: Die Reformation ist passiert. Im Jahr 1527 löste Landgraf Philipp, nach dem heute auch der Platz vor dem Kloster benannt ist, alle hessischen Klöster auf, sie wurden säkularisiert und anderweitig genutzt – im Falle Hainas als Hospital. Noch heute dienen die Gebäude abseits des Klosterteils, den man dank des tollen Engagements eines Freundeskreises besichtigen kann, als Klinik.

Wer länger in Haina bleiben will, findet unweit des Klosters auch einen englischen Landschaftsgarten, den ein ehemaliger Klinikleiter hier anlegen ließ, sowie zahlreiche Spuren der berühmten Künstlerdynastie Tischbein, die hier ihre Wurzeln hat. Statt einfach nur mit dem Auto auf den Besucherparkplatz des Klosters zu fahren, lässt sich ein Besuch hier auch wunderbar mit einer kleinen Radtour verbinden. Über Radwege und ruhige Kreisstraßen lässt sich Haina etwa von Frankenberg (Eder) aus gut erreichen.

FAZIT: ZEITREISE, LANDSCHAFTSERLEBNIS UND SIGHTSEEING, PERFEKT AUFEINANDER ABGESTIMMT.

Hin & weg: Regionalbahn nach Frankenberg-Goßberg.

Beste Zeit: Wenn ab Mai Farbe in den Rosengarten kommt (www.klosterhaina.de).

Dauer & Strecke: 4 Std. inklusive Klosterbesuch, 18 km Radstrecke (ca. 1 Std.) pro Weg.

Ausrüstung: Ein Picknick für die Rückfahrt.

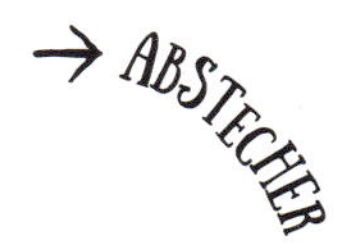

UNTERM BLÄTTER-DACH

Wie sich Sommerregen und ein Tag an der frischen Luft optimal verbinden lassen? Bei einem Schlechtwetterspaziergang im Nationalpark natürlich. Die dichten Baumkronen sorgen dafür, dass man (fast) trocken bleibt, und beim feuchten Klima lässt sich so mancher sonst versteckter Waldbewohner blicken.

#derWaldalsRegenschirm #Pfützenüberhüpfen #Stimmungsaufheller

Das Gebiet am Hagenstein war eins der ersten Naturschutzgebiete, aus denen später der Nationalpark wurde.

Wenn schon alte Schlechtwetterweisheiten dazu aufrufen, dass man Buchen suchen soll, dann kann man dem Rat auch gerne mal folgen. Vielleicht nicht ausgerechnet bei Gewitter, aber wenn tagelanges Dauergeniesel langsam die Stimmung drückt, ist ein Abstecher in den Kellerwald ganz ohne Frage eine gute Sache.

Schließlich dient hier im Nationalpark der Wald selbst als gigantischer Regenschirm, sodass man den echten, den man noch beim Zuweg zwischen frisch gegossenen Blumenwiesen und dunstverhangenen Hügeln gebraucht haben mag, getrost wieder schließen und die Kapuze abnehmen kann. Jetzt fordert der Wald die komplette Aufmerksamkeit und freie Sicht.

Zum Beispiel, um den Feuersalamander am Wegesrand nicht zu übersehen, dem das Mistwetter so gar nichts auszumachen scheint. Genussvoll raschelt er durchs feuchte Laub, vorbei an Pilzen und kleineren Pflanzen, wirft den Wanderern hin und wieder einen Blick zu, folgt ein Stückchen, dann geht's zurück ins Versteck – der große Vorteil, den sein Wohnort in der Wildnis ihm bietet ...

Und diese Wildnis kann sich im Nationalpark noch so entwickeln, wie sie das für richtig hält. So schreiben es auch die Schutzbestimmungen für Gebiete vor, die den Status als Nationalpark erwerben wollen. Seit 2004 gelten Kellerwald und Edersee offiziell als solcher, seit einer Erweiterung im Jahr 2020 umfasst der einzige Nationalpark Hessens fast 77 Quadratkilometer Fläche. Und die Rotbuchenbestände hier im Kellerwald zählen

Dank des strengen Naturschutzes haben sich eine Menge seltener Tiere im Urwald des Kellerwalds angesiedelt.

seit 2011 außerdem noch zum UNESCO-Weltnaturerbe. Und da soll noch einer sagen, in Hessen könne man nicht spektakulär Urlaub machen …

Um all das in nur wenigen Stunden zu erleben und sich trotz Sommerregens einen ganz herrlichen Tag zu machen, geht's entspannt auf einen der einfacheren Rundwege im Kellerwald, die Hagensteinroute mit dem Großblütigen Fingerhut als Wandersymbol – auch wenn man sich für die herrlichen Ausblicke vom Hagenstein vielleicht tatsächlich doch besser einen schöneren Tag ausgesucht hätte.

Sei's drum! Im Wald gibt's auch ohne große Aussichten Tolles zu entdecken, etliche kleine Pfützen und Rinnsale ins Tal zu überhüpfen und knorrige Buchengestalten zu sehen, die die Fantasie anregen. Und wen der Kellerwald einmal in seinen Bann gezogen hat, der kommt ohnehin immer wieder.

FAZIT: AUS SCHLECHTWETTER DAS BESTE ZU MACHEN IST DIE SCHÖNSTE HERAUSFORDERUNG DES SOMMERS.

Hin & weg: Mit dem Auto zu einem der Nationalparkeingänge direkt am Weg.

Beste Zeit: Juni–August, auch bei schönem Wetter.

Dauer & Strecke: 1,5 Std., 4,4 km, 120 Hm.

Ausrüstung: Wasserfestes Schuhwerk, Regenjacke.

BALKEN ÜBER BALKEN

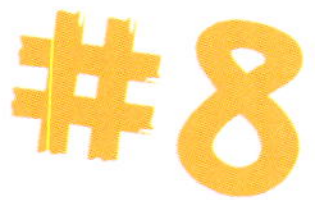

Dank der Brücken, die schon mit ihren Namen Stadtgeschichte erzählen, der Fulda, die für die Natur herrliche Räume schafft, und jahrhundertealter Baukunst im Fachwerkstil ist so ein Ausflug nach Melsungen ein idealer Plan für einen Sommertag.

#Fachwerkstraßen #ZeitfüreinEis #Kleinstadtsommer #GeschichtenvonBrücken

Was Melsungen und die irische Hauptstadt Dublin auf den ersten Blick gemeinsam haben? Na, die Sache mit der Brücke natürlich! Da beide Städte an einem Fluss liegen, der die Fortbewegung zu Fuß zuweilen erschwerte, wurden – in Dublin Anfang des 19. Jahrhunderts, in Melsungen gegen Ende – Brücken errichtet, die die jeweiligen Gewässer überspannen sollten.

Und weil bekanntlich nichts geschenkt ist, kostete das eben eine Maut – per pedes. In Dublin hundert Jahre lang den halben Penny pro Weg, den man zuvor für die Fähre bezahlt hätte, in Melsungen zwei Pfennig pro Kopf, von der Eröffnung der Brücke 1890 so lange, bis die 20 000 Mark Baukosten eben abbezahlt waren. Was läge da näher, als die jeweiligen Brücken auch entsprechend zu taufen? Das Häuschen des Brückenwärters der Zweipfennig-Brücke unweit des Melsunger Bahnhofs – das Pendant zur Dubliner Ha'penny Bridge – ist damit die erste kleine Sehenswürdigkeit des Tages.

Dabei ermöglicht die Brücke erst den Weg zum eigentlichen Grund des Ausflugs. Die Altstadt von Melsungen liegt nämlich aus gutem Grund an der Deutschen Fachwerkstraße und gilt mit ihrer Lage direkt an der Fulda als eine der schönsten Fachwerkstädte der Region.

Die Altstadtstraßen führen zu einem historischen Schloss und traditionellen Fachwerkschätzen, die teilweise schon länger als 600 Jahre hier stehen – obwohl Mitte des 16. Jahrhunderts ein Feuer einen Großteil der alten Fachwerkstadt zerstörte. Die Spazierwege an der Fulda sorgen dafür, dass auch das große Ganze aus immer neuen Blickwinkeln so richtig in Szene gesetzt wird. Für die Entdeckertour geht man am besten immer der Nase nach und hält an, wo's am schönsten ist.

Ganz obligatorisch ist jedoch der Stopp an der Bartenwetzerbrücke, allein für den Besuch des Cafés im historischen Gasthaus Zur Trau-

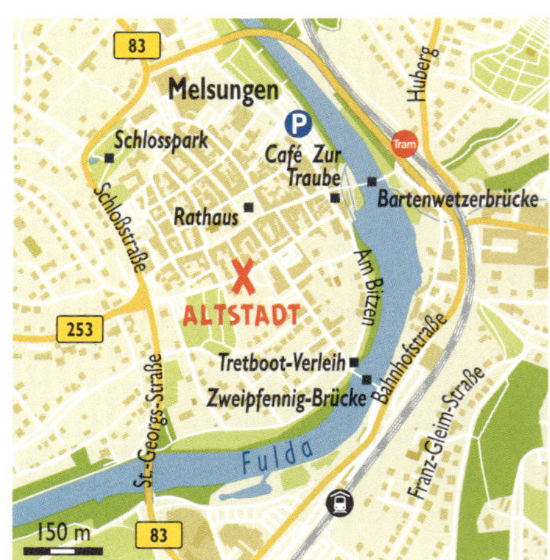

Wer am Fuß der Zweipfennigbrücke aufs Tretboot umsteigt, sieht die Stadt aus ganz neuen Perspektiven.

be (www.cafe-traube.com) an ihrem Fuße. Die älteste Gastronomie der Stadt wird seit 1756 bewirtschaftet und ist noch heute ein herrlicher Ort für ein Päuschen. Anders als die Zweipfennig-Brücke bezieht sich ihr Name allerdings nicht auf eine Anekdote aus der Zeit ihrer Erbauung, sondern auf die Tradition der Menschen, die hier lebten.

Die Tradition der Bartenwetzer – bis heute die Symbolfigur der Stadt – geht zurück auf die frühen Einwohner Melsungens, die vor allem von der Holzwirtschaft lebten, also als Holzfäller tätig waren. Ihre Werkzeuge nannte man im damaligen Sprachgebrauch noch Barten, und weil die natürlich anständig scharfe Klingen haben mussten, wurden sie – auch am Sandstein der Bartenwetzerbrücke – gewetzt, was das Zeug hielt. Um entsprechende Spuren zu finden, muss man nur die Augen ein bisschen offenhalten.

FAZIT: FACHWERK, NATUR UND SPANNENDE STADTGESCHICHTEN MACHEN MELSUNGEN GLATT ZUR WELTSTADT.

Hin & weg: Mit der Regiotram bis Melsungen Bartenwetzerbrücke oder per Regionalbahn zum Bahnhof Melsungen.

Beste Zeit: Mai–September.

Dauer: 3–4 Std.

Ausrüstung: Sonnenbrille, Kleingeld für eine Kugel Eis, oder zwei oder drei …

DEM EICHHÖRNCHEN NACH

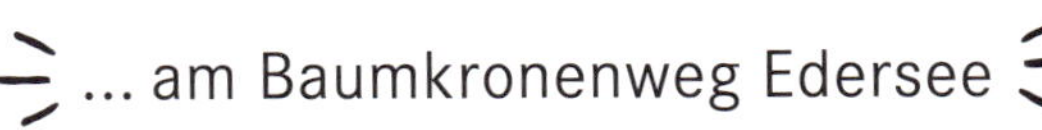

Wie die Eichhörnchen Bäume erklimmen, um die Aussichten über die Seenlandschaft perfekt zu machen? Geht auch entspannter! Auf dem Tree Top Walk am Edersee geht's ohne große Steigungen mittenrein ins Panorama.

#zickzackwandern #jetztbloßrunterschauen #WasserundWald

Manchmal, da sind die Waldbewohner doch die besten Naturführer, die man sich vorstellen kann. Suchen sich immer und überall die schönsten Fleckchen, kennen jeden Winkel der Natur und verlieren nie die Orientierung. Na, wenn das Eichhörnchen ruft, wer könnte da schon Nein sagen? Die heutige Tour führt in die Baumkronen Dutzende Meter oberhalb des Edersees. Eine spannendere Waldführung plant gerade nur noch der Milan, aber der muss noch ein bisschen am Konzept feilen, wie er den Menschen das Fliegen beibringt.

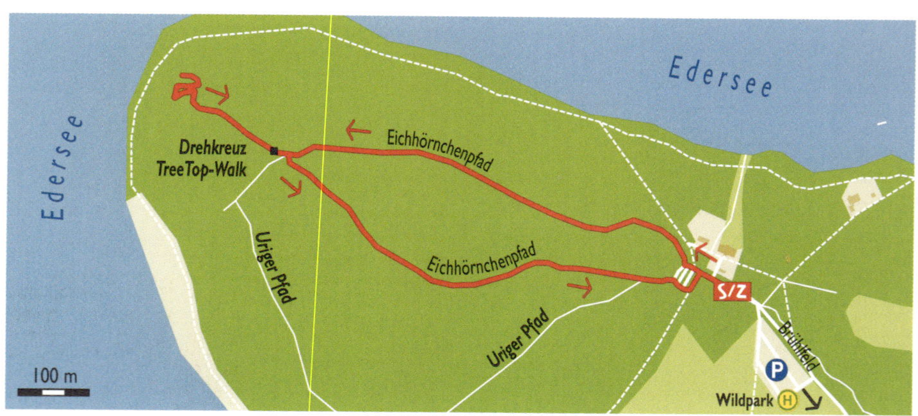

Von der vordersten Plattform des Baumkronenwegs gibt es einzigartige Perspektiven – sogar auf Schloss Waldeck in der Ferne.

Wer das Kassenhäuschen des Baumkronenwegs passiert hat, startet also – passenderweise auf dem Eichhörnchenpfad – erst mal mit einer kleinen Genusswanderung durch den Wald, bei der es viel zu entdecken gibt. Höhlen stehen am Wegesrand, Fuchs und Dachs warten in Form von Holzfiguren und scheinen dem Besucher verschwörerisch zuzuzwinkern. »Die beste Aussicht? Da vorne natürlich!« Na dann, Ticket gezückt und ab durchs Drehkreuz. Der Seeblick wartet!

Los geht's im Eichhörnchenkobel, einem nachgebauten vergrößerten Nest, das vermutlich ein Eichhörnchen in der Größe eines Pottwals bewohnen könnte. 6000 Meter Fichtenlatten wurden zersägt, um dem Besucher im Tree Top Walk einen Einblick zu geben, wie die Familie Eichhörnchen hier in direkter Nachbarschaft überall lebt und den Nachwuchs aufzieht. Gemütlich, oder?

Ab hier spazieren die Besucher im Zickzack über feste Holzstege immer näher ans Wasser. Bis zu 30 Meter über dem Fels, in den die Anlage hineingebaut wurde, läuft man auf dem 250 Meter langen Pfad von Plattform zu Plattform, die hoch in den Himmel ragen und für sich genommen schon jeweils ein kleines Kunstwerk sind. An der finalen Aussichtsplattform angekommen, liegen Wasser und Wald einem dann zu Füßen – und die Welt hält für einen Moment den Atem an.

FAZIT: SCHLAUE IDEE, SO EIN BAUMKRONENWEG – KÖNNTE FAST VOM EICHHÖRNCHEN PERSÖNLICH SEIN.

Hin & weg: Mit dem Auto direkt zum Kassenhäuschen des Pfads oder Bus 515 bis Wildpark, von hier etwa 1 km zu Fuß.

Beste Zeit: Mai–September frühmorgens, wenn man den Wald fast für sich allein hat. Öffnungszeiten unter www.baumkronenweg.de

Dauer & Strecke: 1,5 Std., 2 km.

Ausrüstung: Gute Kamera für Eichhörnchen-Nahaufnahmen.

TEMPEL DER NATUR

Unter dem dichten Geäst der Giganten des Reinhardswalds passiert das Abschalten in der Natur von ganz allein, sobald man mit gleichmäßigem Schritt über weiche Waldwege streift. Und lehrreich ist die Wanderung durch die außergewöhnlich beforsteten Gebiete rund um die Kühbacher Wiese auch noch.

#achtsamimWald #natürlicheHallen #PraktikantdesWaldes

Als größtes geschlossenes Waldgebiet Hessens lässt sich im Reinhardswald viel entdecken. Schöner als unter den Baumhallen wird's allerdings kaum wo.

Es hat schon seinen Grund, dass alle Welt vom Waldbaden spricht: dem Supertrend, der Achtsamkeitsübungen und Entspannungszeit mitten in den Wald verlegt und - so sagen es Experten - dafür sorgt, dass die Kraft der Natur der körperlichen oder geistigen Heilung einen Großteil der Arbeit erleichtern kann. Der Wald hat Superkräfte, und die kann man auch schon auf den kleinsten Touren spüren.

Eine der kürzeren Touren im Naturpark Reinhardswald ist in Sachen Erlebnis- und Lernfaktor kaum zu überbieten und damit selbst in stressigen Zeiten immer einen Abstecher wert. Es geht auf die Forstmeisterrunde, die im Wald bei Immenhausen startet. Genauer: an der Kühbacher Wiese, zu der auch ein kleiner Wanderparkplatz gehört. Von hier startet der Weg, der in leuchtendem Gelb mit der Ziffer 3 markiert ist und eine ganze Menge Dschungelfeeling mitbringt. Und auch wenn man den Forstmeister gar nicht persönlich trifft, kann man trotzdem eine Menge von ihm lernen. Zum Beispiel, was es mit den Fichtenklumpsen auf sich hat. Die Pflanzanordnung mit dem eigenartigen Namen bezeichnet etwas, was es so nur im Reinhardswald gibt, wo Akteure von Weide- und Holzwirtschaft

---

Hin & weg: Mit dem Auto zum Wanderparkplatz Kühbacher Wiese.

Beste Zeit: April–August, wenn der Wald herrlich Schatten vor der anziehenden Sonnenkraft spendet.

Dauer & Strecke: 2 Std., 6,8 km.

Ausrüstung: Ein paar Stunden Zeit und halbwegs wandertaugliche Schuhe reichen völlig aus, für den freien Kopf sorgt dann die Natur.

Zwischen uralten Baumbeständen und meterhohen Farnen fühlt man sich fast wie im Urwald.

schon um 1850 über die Grenzen nachhaltiger Waldnutzung diskutierten und zum Kompromiss der Klumpsen kamen: Eine stämmige Eiche oder Buche steht mittig auf einem Hügel in einer Gruppe von gut 40 Fichten und wird so vor Schäden durch Wild oder Weidetiere geschützt.

Die Fichten wiederum bringen Erträge für die Holzwirtschaft ein und lassen auf den freibleibenden Flächen Platz für die traditionelle Waldweide. 17 000 Mal wurde diese Anpflanzungsform, die auch auf der Forstmeisterrunde viel zu sehen ist, im Gebiet des Reinhardswalds zwischen 1852 und 1866 angelegt – und blieb Geheimtipp. Denn dass heute noch etwas davon zu sehen ist, gibt den kreativen Förstern von damals irgendwie recht, auch wenn sich die Sache mit den Klumpsen nirgendwo sonst durchgesetzt hat.

Aber zurück zum Waldbaden und der Achtsamkeit: Denn neben weitläufigen Wuchsflächen für Farne und einem naturbelassenen Waldstück am Naturwaldreservat Weserhänge geht es schon ganz zu Beginn zu echten Baumriesen. Mit weit ausladenden Ästen und Wurzeln, die sich zum Teil oberhalb des Waldbodens entlangschlängeln, imitieren diese ganze Säle – und machen so den Wald zu einem Rückzugsort, mit dem kein Stressseminar der Welt mithalten kann. Hier wird alles instinktiv ruhiger, langsamer und einfacher.

FAZIT: AB UND AN IN DEN WALD EINZUTAUCHEN IST DAS BESTE MITTEL FÜR MEHR STRESSRESISTENZ.

BUNTES SEEN-QUARTETT

#11

Wo früher Braunkohle abgebaut wurde, stehen heute Naturschutz und Naherholung ganz weit oben auf der Agenda. Einen schönen Überblick über den maritimen Charakter, den die Seenlandschaft der Gegend heute verleiht, gibt eine entspannte Rundtour mit dem Rad. Und abkühlen kann man sich unterwegs auch.

#untermLeuchtturm #Vierseenrunde #erstradelndannbaden #Strandtag

Für die Orientierung von Schiffen wird der Leuchtturm am Singliser See nicht eingesetzt, Lichtsignale senden kann er aber trotzdem.

Ob der Leuchtturm sich unterwegs zur Nordseeinsel Borkum wohl verlaufen hat und deswegen statt vorm Wattenmeer im ehemaligen Braunkohlerevier gelandet ist? Sei's drum: Der Landschaft der Borkener Seen steht er jedenfalls ausgezeichnet, genau wie die versteckten Buchten, Windsurfer und Schiffe aller Arten und Größen. Wer ins maritime Nordhessen eintauchen will, ist hier genau richtig.

Der Seen-Rundweg für Radfahrer führt an vier Borkener Seen entlang, die unterschiedlicher kaum sein könnten – und das auf nur 25 Kilometern Strecke. Los geht's am Bahnhof Singlis. Ufer Nummer eins des Tages gehört zum gleichnamigen Singliser See, dem abenteuerlichsten der vier Gewässer, deren Geschichte im frühen 20. Jahrhundert beginnt. Damals wurden nach Braunkohlefunden 1897 erste Förderanlagen eingerichtet. Die Region entwickelte sich schnell zu einem der wichtigsten Reviere Nordhessens und landschaftlich zu ihrer heutigen Form, die neben der Schwalm auch von menschgemachten Gewässern geprägt ist. Wer dem auf die Spur gehen will, besucht unterwegs das Besucherbergwerk in Borken (www.braunkohle-bergbaumuseum.de). Die Stars der Tour bleiben aber die Seen selbst. Während am Singliser See heute gesurft, gebadet, gesonnt und gepaddelt wird, geht's am Gombether See eher gemächlich zu. Was auch daran liegt, dass er quasi noch in den Kinderschuhen steckt. Jahr für Jahr muss der Wasserpegel des noch entstehenden Sees steigen, damit in ein paar Jahren ein zusätzliches Naherholungsgebiet daraus wird. Zugvögel, Insekten und Tiere wissen das Gebiet aber auch heute schon zu schätzen.

Nächste Station, an der man auch gut Pause machen und ein kurzes Bad im erfrischenden Wasser nehmen kann, ist der Badesee Stockelache. Der ist gegen Eintritt zwischen Juni und

Früher Küstenwachschiff, heute Vereinsheim – das Boot KW18 ging 1952 für die US Navy in Dienst.

September geöffnet und eins der prominentesten Sommerausflugsziele der Gegend. Im Restaurant Dadoria (www.dadoria.de) gibt's für Hungrige auch eine Stärkung, bevor es Richtung Süden zum größten, aber distanziertesten Vertreter im Seen-Quartett geht.

Der Borkener See steht wegen seiner großen Beliebtheit bei Zugvögeln unter strengem Naturschutz, bildet dafür aber einen herrlichen Kontrast zum lebendigen Treiben an den Badeseen. Hier gibt's, während man am Ufer entlangradelt, Natur pur – zu sehen, zu hören, zu riechen. Wer doch noch mal zurück ins Getümmel will und nach der ausgedehnten Runde vielleicht auch ein bisschen Abkühlung vertragen kann, der schlägt statt den letzten Metern zurück zum Bahnhof in Singlis einmal mehr den Weg zum Badesee ein, lässt das Fahrrad stehen und benutzt den Lenker nach dem Sprung ins kühle Nass einfach als Trockenleine für die Badesachen. Gemütlicher Abschluss des Abstechers, der für eine entspannte Heimfahrt sorgt.

FAZIT: OB DIE MARITIMEN DETAILS EINEN WIRKLICH ANS MEER VERSETZEN? KOMMT GANZ AUF DIE ABENTEURER AN.

Hin & weg: Die Bahnhöfe Singlis und Borken liegen auf dem Weg.

Beste Zeit: Sobald die Temperaturen ein Bad im See erlauben.

Dauer & Strecke: 4 Std., reine Radstrecke 2 Std., 24,3 km, 126 Hm.

Ausrüstung: Badesachen für eine Abkühlung in der Stockelache oder im Singliser See.

→ ABSTECHER …

WANDERN FÜR DIE SINNE

… auf dem Barfußpfad Hoher Meißner

#12

Kuschelig weiches Schaffell, kühle Steine, piksende Fichtenzapfen und knisterndes Laub – der Barfußpfad Hoher Meißner lebt von der Vielseitigkeit, die das Waldleben in die Natur zaubert, und bietet auf einem langen Rundweg die Möglichkeit, das alles ganz ungefiltert zu erfühlen.

#einfachmalmachen #barfußimWald #Kribbelarm #durchsLaubrascheln

Wenn die Füße am Ende des 1,5 Kilometer langen Rundwegs ins taufeuchte Gras tauchen, die Halme unter den Sohlen kitzeln, dann ist die Fußmassage perfekt – die Füße gehen in den Entspannungsmodus. Das haben sie sich jetzt schließlich auch verdient.

Die Runde startet unweit des Jugenddorfs Hoher Meißner und ist über Zuwege auch von einigen ein Stück entfernten Parkplätzen direkt an der Landstraße zu erreichen. Am Eingang wartet ein hölzerner Wanderer, der einem ganz genüsslich die nackten Sohlen entge-

Über Kork, Laub, Fichtenzapfen und Hunderte Meter Waldboden können Mutige am Hohen Meißner barfuß laufen.

genstreckt, ganz so, als wolle er allen eher skeptischen Besuchern Mut zusprechen ...

Den rauen Wald mit seiner wetterabhängigen Beschaffenheit der Böden, piksenden Zweigen und Steinchen und zahlreichen Insekten barfuß zu betreten kostet so manchen im ersten Moment etwas Überwindung. Belohnt wird man durch ein unvergleichliches Walderlebnis und eine kostenlose Fußreflexzonenmassage, die entspannt, die Durchblutung anregt und gleichzeitig abhärtet.

Hat man nach einer kleinen Spende in die Waldkasse am Eingang die Schuhe abgestreift und den Wald betreten, geht es auch direkt los mit den Gegensätzen, die die Natur in Sachen Trittsensorik zu bieten hat. Weicher Sand, glatt geschliffenes Holz, kühler Stein und überraschend harte Maiskörner gehören zu den ersten Stationen auf dem Weg.

Während immer mal wieder kleine Abstecher auf Hindernisse und Balancestationen führen, kann man auch bei allen Untergründen entscheiden, ob man die Station - sei es Schafwolle, Felle oder Werrakies - ausprobieren möchte oder doch die Vielfalt des Waldbodens vorzieht. Wo der Bewuchs des Waldes dichter und buschiger wird, verlaufen schmale höhergelegte Waldstege durch die Wildnis und schaffen einen Perspektivwechsel, bevor es auf die Laubstrecke oder über Rinden- und Korkstückchen geht. Am Ende wird's dann gerade im Sommer noch mal richtig erfrischend. Nach dem Abstieg über eine Schlammtreppe gibt's im plätschernden Kupferbach Erfrischung und Säuberung, weiches Bergwiesenheu schafft den perfekten Abschluss. Wenn sich der Wald so anfühlt, dann kann man aus dem Barfußwandern ja fast eine kleine Gewohnheit machen.

FAZIT: BARFUSSLAUFEN WIRD HIER WIEDER ZUM ECHTEN ERLEBNIS.

Hin & weg: Mit dem Auto zu einem der Parkplätze am Barfußpfad.

Beste Zeit: Juni–September bei sommerlichen Temperaturen.

Dauer & Strecke: 45 Min., 1,5 km.

Ausrüstung: Etwas Kleingeld für die Spendenbox, eventuell Flip-Flops zum Überstreifen für zwischen den Stationen.

Weißer Riese

… im Rhäden bei Wildeck

#13

Wer sich vom Monte Kali – der gigantischen Halde aus Salz, die unweit der thüringischen Grenze in den Himmel ragt – faszinieren lassen möchte, findet die schönsten Perspektiven im Naturschutzgebiet Rhäden, das mit seinen Naturräumen und tierischen Bewohnern gleich noch einen obendrauf setzt.

#Kalimandscharo #grenzüberschreitend #LärmderStille #schneeweißerGipfel

Dank Fernglas und verborgenen Wegen geht's immer wieder ganz nah ran an die Natur.

Was die sich wohl denken – so ein Krach mitten im Naturschutzgebiet? Von den kleinen Seen, Teichen und Tümpeln dröhnt ein einziges Geschnatter und Geflatter in Richtung der Beobachtungsstation. Die Heckrinder, die in der Mittagssonne entspannt auf der Weide liegen, öffnen ein Auge und drehen sich mürrisch auf die andere Seite – wer soll denn da bitte schlafen können?

Wer näher hinschaut und ranzoomt, etwa mit einem der Ferngläser an den Beobachtungspunkten, sieht das ganze Ausmaß des Naturschauspiels in diesem Gebiet in der Rhädensenke. Die Wasservögel, die sich hier in lautstarker Kommunikation üben, sind mit dem bloßen Auge nicht zu zählen. Zwischen bunten Blüten leben laut NABU Dutzende teils geschützte und gefährdete Arten Wasser-, Wat- und Wiesenvögel auf dem Gelände, das zum Schutzgebiet Natura 2000 gehört. Dazu kommen etliche Reptilien, Libellen und Insekten, die hier die perfekten Lebensbedingungen finden.

Und dann ist da noch der Ausblick auf das Kuriosum, das über der Landschaft thront. Die Salzhalde im Wildecker Nachbarort Heringen ganz im Osten des Kreises Hersfeld-Rothenburg, deren Gipfelplateau auf über 500 Metern liegt, ist von allen Seiten aus von Weitem sichtbar, aber kaum irgendwo so schön und beeindruckend wie von hier. Fast will man sich ein bisschen ungläubig die Augen reiben. Sicher, dass das menschgemacht ist und Photoshop nicht unbemerkt einen Weg in die Realität gefunden hat?

Die Mischung aus Salzabbau und Naturschutz, die gibt es auf der hessischen Seite der Grenze bereits seit den 1970er-Jahren. Dass heute

---

Hin & weg: Mit der Bahn nach Wildeck-Obersuhl, alternativ mit dem Auto zum Parkplatz am Rhädenweg.

Beste Zeit: Eigentlich ganzjährig, besonders bunt Juni–August.

Dauer & Strecke: 2,5 Std., 9,7 km.

Ausrüstung: Insekten- und Sonnenschutz. Wasservorrat für unterwegs.

Bunter als hier lässt es sich trotz über 1000 Kilometern Länge kaum irgendwo an der ehemaligen Grenze wandern.

der ganze zweieinhalbstündige Rundweg, der am Rhädenweg in Wildeck-Obersuhl startet und über abgesteckte Pfade führt, möglich ist, ist der Wiedervereinigung und dem Einsatz der thüringischen Teams zu verdanken. Sie machten die Runde binnen kurzer Zeit perfekt und schlossen den Dankmarshäuser Rhäden an. Gemeinsam mit dem Rhäden bei Obersuhl und Bosserode, dem Teil auf hessischer Seite, war damit eines der ersten grenzübergreifenden Naturschutzgebiete nach der Wende geboren – das bis heute Schauplatz von immer mehr Naturschauspielen ist.

FAZIT: KAUM EIN ORT, AN DEM NATUR UND INDUSTRIE SO SCHÖN HARMONIEREN WIE HIER.

EIN STÜCKCHEN RHEINGAU

#14

Einige Zeit galt der Weinberg oberhalb der Eder als nördlichste Weinlage Deutschlands – heute hält er zumindest noch den Rekord in Hessen. Dass das Klima hier etwas rauer ist als im Rheingau, schadet den Reben kein bisschen, worüber man sich beim Weinwandern überzeugen kann.

#MiniWeinwanderung #RebenundBurgen #SommerimWeinberg

Schon vor Jahrhunderten wurde hier Wein angebaut, das beweist nicht zuletzt die historische Gemarkungsbezeichnung »Am Weinberg«.

Sanfte Hügel, das blaue Wasser des Rheins, der sich unterhalb der Weinberge malerisch durch die Landschaft zieht, und uralte Weinkeller wie der im historischen Kloster Eberbach - wer an den Rheingau denkt, hat viele Bilder im Kopf. Was die wenigsten für möglich halten: In ganz wenigen Ausläufern setzt sich das Weinanbaugebiet Rheingau auch in nördlicheren Lagen zumindest im Namen noch fort. Aber etwas südlich von Kassel ist mit dem hessischen Weinbau endgültig Schluss.

Und auch wenn die Hänge hier am Böddiger Berg nicht ganz so sonnenverwöhnt, die Winzer nicht ganz so traditionsträchtig sind: Was der Betreiberverein hier am nördlichsten Weinberg Hessens anbaut und am Ende des Jahres in Flaschen abfüllen lässt, kann sich sehen lassen. Auf gut eineinhalb Hektar Weinbaufläche auf Lava-Basaltboden wachsen hier hauptsächlich Trauben für die Sorten Riesling und Ehrenfelser. Ab Ende September können sich Freiweillige sogar ehrenamtlich als Erntehelfer bei den Weinfreunden am Böddiger Berg betätigen.

Wer einfach erst mal gucken will, der läuft die hübsche große Runde vom Felsberger Ortsteil Böddiger, nach dem das Anbaugebiet benannt ist, über Feld- und Wiesenwege hier rauf und legt in der hübschen Schutzhütte eine Pause ein, um den herrlichen Blick übers Tal und hinüber zur alles überragenden Felsburg zu genießen.

Tradition ist der Weinanbau hier übrigens genauso wie im über 150 Kilometer Luftlinie entfernten Muttergebiet unweit der Landes-

Jedes Jahr im Herbst können fleißige Helfer sich hier sogar an der Weinlese beteiligen.

hauptstadt. Doch während man noch in den 1970er-Jahren versucht hatte, den Böddiger Weinanbau von offizieller Seite zu unterbinden, ziehen Rheingau und – plakativ gesprochen – Rheingau-Nord heute an einem Strang. Weil in Böddiger die Infrastruktur fehlt, wird das Ergebnis der Lese ins Hessische Staatsweingut im Kloster Eberbach gebracht, wo es gekeltert, gelagert und abgefüllt wird. Als kleines Kuriosum und als Liebeserklärung an den Norden Hessens.

Zu kaufen oder probieren gibt es die Weine hier oben zwar spontan nicht, in einigen Verkaufsstellen in den umliegenden Orten wird man aber mit Glück fündig. Die aktuelle Übersicht über Handel und Ausschank finden Weinliebhaber auf der Vereinswebsite (www.boeddiger-berg.de).

FAZIT: WENN SICH RHEINGAU UND NORDHESSEN AUF AUGENHÖHE BEGEGNEN, ENTSTEHT NICHT NUR MAGIE IM GLAS.

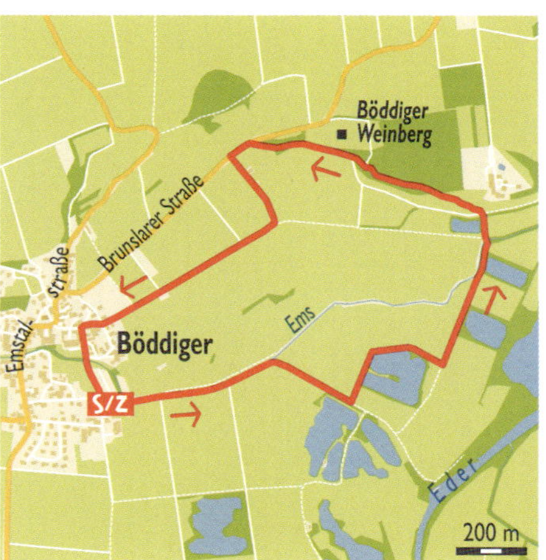

Hin & weg: Mit dem Auto nach Böddiger, im Ort parken.

Beste Zeit: Wenn die Reben ab Juli langsam Früchte tragen.

Dauer & Strecke: 1 Std., 3,6 km.

Ausrüstung: Kleines Picknick für eine Pause in der Schutzhütte.

RIESEN-SLALOM

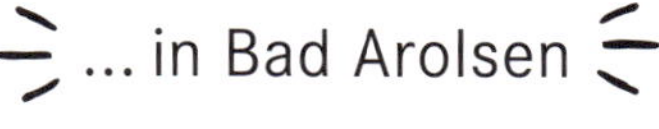

#15

Bei so viel Ordnung und Symmetrie kann man gar nicht anders als – quasi als Trotzreaktion – ins Schlendern zu kommen und die Stadt der Alleen kreuz und quer zu erkunden. Einzige Regel: Es geht immer den Bäumen nach.

#inReihundGlied #Kleinstadtidyll #Sommerresidenz #fürstlichschlendern

880 stolze Eichen in Reih und Glied, kerzengerade auf über 1,5 Kilometern Länge durch die halbe Stadt – das Wahrzeichen Bad Arolsens ist wirklich nicht zu übersehen. Umso praktischer, dass die Große Allee auch gleich einer der ersten Eindrücke ist, den man vom Bahnhof kommend von der Kleinstadt gute 40 Kilometer westlich von Kassel bekommt. Wer hier Richtung Innenstadt läuft, gerät automatisch in den Schlendermodus und damit genau in die Stimmung, die man braucht, um die Barockstadt so richtig schön zu genießen.

Schönste Spätsommersonne und Hunderte schattige Plätzchen – in der Kurstadt bei Kassel wartet die perfekte Mischung.

Gewachsen ist Bad Arolsen aus einer Siedlung um ein mittelalterliches Augustinerinnen-Kloster mit dem Namen Aroldessen. Nach der Säkularisierung des Klosters übernahmen die Grafen von Waldeck und machten Arolsen zur Residenzstadt. In ihrem Zentrum steht noch heute das Residenzschloss Arolsen, das im Osten der Stadt ein wenig an Versailles erinnert. Samstagnachmittags starten hier kostenlose Stadtführungen für alle, die richtig Lust haben, in die Stadtgeschichte einzutauchen.

Doch die Kurstadt lässt sich auch problemlos auf eigene Faust erkunden, wenn man einfach nur den prächtigen Baumbeständen folgt. Die Große Allee, die ursprünglich als Verbindung zwischen einem im 18. Jahrhundert abgerissenen Lustschloss unweit des heutigen Bahnhofs und dem Residenzschloss geplant war, erzählt bereits eine Menge der Geschichte. Wenn man an einem ruhigen Tag so entspannt unter den Baumkronen unterwegs ist, überfällt einen zwangsläufig das Gefühl, ganz allein zu sein auf der Welt.

Am Ende der fast zwei Kilometer langen Prachtmeile angekommen, geht es links auf Entdeckungstour am Residenzschloss, hinter dem mit der Spendelallee bereits der nächste potenzielle Slalomparcours wartet. Alternativ liegt rechter Hand, also südlich der Großen Allee mit dem Baumpark, ein Stück Natur, in dem sich richtiges Kurparkidyll genießen lässt – am besten mit einem Picknick auf einer abgeschiedenen Bank. Unter Apfelbäumen und Nadelbaumexoten geht es von hier aus entweder noch auf einen Abstecher zur Fürstenallee im Osten des Parks oder über die Große Allee zurück Richtung Bahnhof.

FAZIT: DAS IMAGE EINER VERSCHLAFENEN KURSTADT SUCHT MAN ZWISCHEN PRACHTMEILENPANORAMEN VERGEBENS.

Hin & weg: Ab Kassel oder Korbach zum Bahnhof Bad Arolsen.

Beste Zeit: August–Oktober. Samstagnachmittags gibt's kostenlose Stadtführungen.

Dauer & Strecke: 3 Std. im Schlendermodus, 7,6 km.

Ausrüstung: Kleines Picknick für eine Pause unter Bäumen.

WIND IN DEN SEGELN

Wenn der Herbst naht, finden sich Mittel und Wege, auch aus raueren Wetterlagen das Beste zu machen. Schon mal drüber nachgedacht, den Lenkdrachen auszupacken? Ein herrlicher Ort dafür ist das windverwöhnte Werratal, wo am großen See bei Eschwege richtiges Meergefühl aufkommt.

#Fingerspitzengefühl #WindundWetter #fürmehrFarbeamHimmel

Drachensteigenlassen ist ja ein bisschen wie Fahrrad fahren. Hat man einmal gelernt, wie es sich anfühlt, Balance zu halten, wie die Muskeln sich beim Lenken bewegen und wie das Fingerspitzengefühl richtig eingesetzt wird, bekommt das Gedächtnis die Bewegungsabfolge wieder schnell rekonstruiert. Und so hält einen auch nichts davon ab, die Kindheitserlebnisse aus dem Urlaub am Meer wieder in den Alltag zu holen, wenn der Herbst den Norden Hessens schon mal mit ordentlich Wind bedient. Lenkdrachen gefunden? Na

Beim Aufbauen kann man noch ein wenig die Ausblicke aufs Wasser genießen, dann geht's mit der Aufmerksamkeit Richtung Himmel.

dann kann's ja jetzt nach draußen gehen. Ein Ort, der nicht nur den Wind magisch anzieht, sondern beim Drachensteigen auch herrliche Ausblicke auf die Landschaft gewährt, liegt im Norden von Eschwege.

Der Werratalsee kommt mit gut 1,2 Quadratkilometern Fläche auf eine stattliche Größe für einen Baggersee, mit Buchten, Stränden und weiten Wiesen schafft er ideale Bedingungen dafür, den Wind so richtig schön auszunutzen.

Auf der Wiese geht's erst ans Zusammenbauen des Drachens und ans Schnüreanbringen. Auch das hat man offensichtlich seit Kindheitstagen nicht verlernt und kann dann auch direkt loslegen. Mit dem Wind im Rücken begibt man sich in Startposition, der Drachen wird in Abflugstellung gebracht. Der Wind macht sich schon jetzt in den Fingern bemerkbar, der Drachen vollführt aus lauter Vorfreude die ersten kleinen Hüpfer.

Und dann, wenn er losgelassen wird, schießt er hinauf in die Luft. Ein paar kurze Balanceübungen später kommt die Sicherheit in die Hände und Arme zurück, das Gefühl von früher, es ist wirklich noch da. Bis die ersten Kurven und Saltos geflogen werden, dauert es gar nicht mehr lange. Und wenn man so aufs Wasser des Werratalsees schaut, ist auch die Erinnerung ans Meer wieder da, nur dass hier statt Möwenrufen und Wellen das Rascheln in den Bäumen im Hintergrund den Wind hörbar macht. Und damit verspricht, dass das Abenteuer in der Luft noch problemlos ein paar Stunden weitergehen kann.

FAZIT: WER SAGT DENN, DASS DAS MIT DEN LEUCHTENDEN KINDERAUGEN IM ERWACHSENENALTER AUFHÖREN MUSS?

Hin & weg: Per Bahn nach Eschwege, zu Fuß oder mit dem Stadtbus bis Eschwege Woolworth nahe dem Ufer. Alternativ mit dem Auto zu einem der Seeparkplätze.

Beste Zeit: Wenn ab September langsam Bewegung in die Luft kommt.

Dauer: 2–4 Std.

Ausrüstung: Lenkdrachen.

BURGEN-STÜRMER

#17

Für insgesamt drei historische Burgen sind die Stadtteile von Felsberg über die Region hinaus bekannt – die spektakulärste von ihnen ist sicher die Felsburg, die auf einem steilen Felsen thront. Wer hier Halt macht, findet nicht nur spannende Anekdoten, sondern auch den perfekten Aussichtspunkt.

#Dreiburgenstadt #historischesForscherlabor #Ausblickbisübermorgen

Vor gut 600 Jahren wurde hier oben auf der Felsburg noch an Fragen geforscht, die für den Adel des Mittelalters die Welt bedeuteten ... Was kostet grenzenloser Reichtum? Gibt es die Chance auf ewiges Leben? Und wie weit kann, wer das alles bereits erreicht hat, in Sachen Macht noch kommen? Für diese Fragen wurde sogar eigens ein Experte auf die Burg oberhalb der Eder zitiert: Von 1455 bis 1458 soll der Alchimist Klaus von Urbach im Auftrag des hessischen Landgrafen Ludwig I. neben der Rezeptur von Gold auch den

Die ältesten Teile der Felsburg stammen bereits aus dem 11. Jahrhundert.

unsterblich machenden Stein der Weisen gesucht haben. Vergeblich natürlich, sonst wäre die Felsburg jetzt vielleicht sowas wie das Dubai Nordhessens ...

Um eine schöne Anekdote reicher ist die heutige »Dreiburgenstadt« Felsberg, ein Konglomerat aus zahlreichen ehemals eigenständigen Stadtteilen, damit allemal. Wobei der Besuch der relativ gut erhaltenen Burgruine, die auf einem Basaltkegel hoch oberhalb der Stadt thront, auch ohne Alchimistengeschichten ein echtes Erlebnis wäre.

Das beginnt bereits beim Hinweg, etwa vom Bahnhof Felsberg-Gensungen, von wo aus die Burg schon aus der Ferne gut sichtbar ist. Sie bestimmte hier nicht nur den Namen der Ortschaft, sondern eben auch deren Geschichte und Stadtbild. Den Ort unterhalb der 1090 erstmals erwähnten Burg prägen nach der Querung der Eder Fachwerkhäuser und andere historische Überbleibsel wie Teile der Stadtmauer.

Ist der letzte Streckenabschnitt, der zur Burg rauf ordentlich steil wird, endlich geschafft, gibt es neben dem stolzen Gemäuer vor allem eines zu sehen: Weite! Felder, Hügel, kleine Baumgruppen und die anderen Stadtteile Feldbergs ziehen sich durch die Landschaft und sorgen dabei für Abwechslung. Sogar die wenige Kilometer entfernte Altenburg im gleichnamigen Stadtteil ist problemlos zu erkennen. Die dritte im Bunde, die von Nahem mindestens ebenso spannende Höhenburg Heiligenburg in Gensungen, liegt versteckt auf einem sattgrünen Hügel – wer mag, kann sie nach dem Rückweg Richtung Bahnhof gleich noch mit erstürmen. Oder den Besuch einfach fürs nächste Mal aufsparen.

FAZIT: SELBST WENN DAS MIT DER ALCHEMIE NICHT GEKLAPPT HAT, EINEN SCHÖNEN ARBEITSPLATZ HATTE DER WISSENSCHAFTLER DES MITTELALTERS ALLEMAL.

Hin & weg: Bahn nach Felsberg-Gensungen oder mit dem Auto direkt zum Parkplatz der Burg.

Beste Zeit: Im Sommer frühmorgens, wenn weder Hitze noch andere Ausflügler die Ruhe trüben.

Dauer & Strecke: 2 Std. Strecke vom Bahnhof, ca. 2,5 km.

Ausrüstung: Kleidung à la Zwiebel – auf den letzten Metern Aufstieg kann man ganz schön ins Schwitzen kommen.

ÜBER TAUSEND STUFEN

... im Bergpark Wilhelmshöhe

#18

Gute 300 Meter über Kassel wacht ein griechischer Halbgott über die Stadt. Die Aussicht, die er genießt, ist einmalig, und der umgebende Park ein Gesamtkunstwerk aus Natur und Baukunst. Wer den Weg von unten zum Herkules antritt, spürt noch Tage später, was er geschafft hat.

→ Abstecher …

Beeindruckender Städtebau: Die Wilhelmshöher Allee schafft eine fast sieben Kilometer lange Sichtachse.

Fun Fact: Wer schon mal unten vor den Kaskadentreppen in Richtung Herkules stand und sich gefragt hat, ob man sich auf einer der beiden Seiten wohl Stufen sparen kann, der lag mit seinem Gefühl völlig richtig: Wer den linken Aufstieg nimmt, kommt mit leichter Energieersparnis rauf. Statt 539 auf der rechten Seite sind es hier »gerade mal« 535 – ein kleiner, aber feiner Unterschied, wenn insgesamt gute 300 Höhenmeter zurückzulegen sind. Die jedoch befinden sich in einem der beeindruckendsten Parks der Welt, der jeden Zentimeter Aufstieg belohnt. Mit einer Art Neuschwanstein des Mittelalters, rauschenden Wasserfällen, Grotten, Tempeln und Kaskaden. Alles geplant und erbaut im Zeitalter des Barock ab 1696. Der Bergpark war schon damals seiner Zeit voraus …

Die Erkundungstour geht diesmal von ganz unten nach ganz oben und zurück. Über den Bergpark-Eingang (240 m ü. NN) direkt hinter der Straßenbahnhaltestelle Wilhelmshöhe (Park) ist man in wenigen Schritten am größten See des Landschaftsgartens, dem Lac, der viel über die Auftraggeber der damaligen Zeit verrät: die Landgrafen von Hessen-Kassel. An der großen Fontäne (289 m) vorbei, stattet man dem gewaltigen Aquädukt einen Besuch ab, überquert die Teufelsbrücke (365 m) und steht nach einem Spaziergang vorbei an Teichen und Bächen am Neptunbassin (425 m). Ob die Stärkung in der Kaskadenwirtschaft (www.kaskaden-wirtschaft.de) vor oder nach

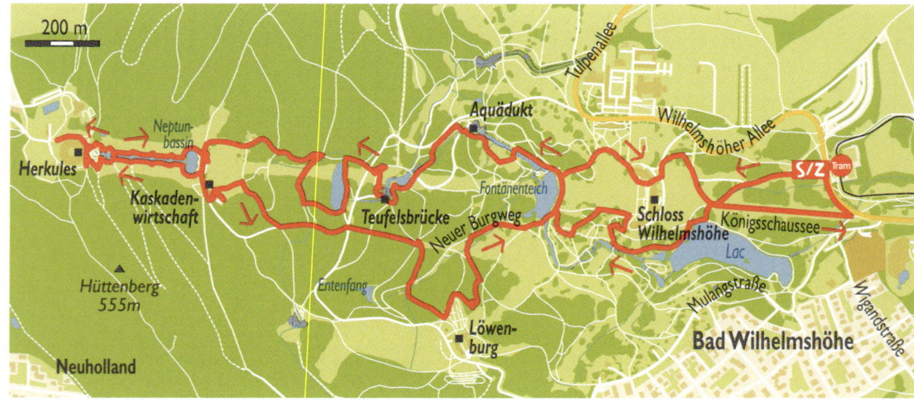

Dass der Abstecher mittendrin in der größten Stadt der Region liegt, könnte man beim Schlendern über Pfade und Treppen glatt vergessen.

dem großen Finale wohl taktisch klüger ist? Das muss jeder für sich entscheiden.

Nach links geht's dann über die Geheimtipproute hoch zum Herkules, beim Mitzählen der Stufen verliert man irgendwo zwischen 222 und 333 den Überblick - sei's drum. Hauptsache, der Ausblick von ganz oben (530 m) ist die Strapazen wirklich wert. Den Hinweis, dass man auch noch ganz hinauf in Richtung Herkulesfigur steigen kann, möchte man oben angekommen am liebsten ignorieren. Aber auch schon hier ist der Ort für eine Verschnaufpause fast zu schön, um wahr zu sein!

Runter geht's über die andere Seite, diesmal kreuzt der Weg auch die pseudomittelalterliche Löwenburg im Süden des Parks, der seit 2013 zum UNESCO-Weltkulturerbe gehört. Jetzt noch die Königschaussee als Rausweg eingeschlagen, damit wäre dieser Versuch eines Bergpark-Best-Of komplett.

FAZIT: BIS DEM BERGPARK MAL DIE GEHEIMNISSE AUSGEHEN, BRAUCHT'S SCHON SO VIELE BESUCHE WIE TREPPEN ZUM HERKULES.

Hin & weg: Straßenbahnlinie 1 bis Wilhelmshöhe (Park).

Beste Zeit: Wenn sich der Wald ab Ende September knallbunt färbt.

Dauer & Strecke: Ganz entspannte 4 Std., 8,1 km, 298 Hm.

Ausrüstung: Bequeme Schuhe, Kamera für Erinnerungsfotos.

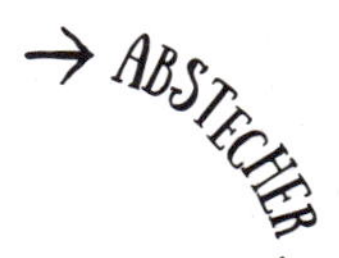

FARBE UND LICHT

#19

Leise plätschernd schlängelt sich das Rote Wasser durch den Burgwald, und mit ihm erstrahlen die Herbstfarben, die dem Wald jedes Jahr ein ganz neues Gesicht geben. Hier kann man Farben tanken – und mit Glück sogar noch ein bisschen Herbstsonne.

#FarbeimLeben #umdieWettestrahlen #Matschwandern

Im Nebel wirkt der Wald gleich noch mal ein bisschen mysteriöser.

Das war's dann wohl mit Sommer... Geniesel und Dunst liegen in der Luft, die Sonne hat an Kraft verloren, auf den Wegen mehren sich die Matschstellen. Die Natur - und das herabrieselnde Herbstlaub mit ihr - verabschiedet sich allmählich in die Winterpause. Gerade deswegen ist jetzt die spannendste Zeit, um in den Wald zu gehen und die Erinnerungen an saftiges Grün, knallige Herbstfarben und die Magie der Natur, die das alles erst möglich macht, noch mal so richtig schön aufzufrischen. Wer weiß, wie lange der Winter diesmal dauert...

Eine Wanderung, die den Farbenreichtum praktisch schon im Namen trägt, verspricht der Weg am Roten Wasser etwas nördlich des Rauschenberger Ortsteils Bracht. Das Flüsschen, das im Moor-Naturschutzgebiet Franzosenwiesen etwas westlich von hier entspringt und bei Cölbe in die Ohm fließt, erhält seinen Namen, weil sein Wasser vielerorts rötlichbraun schimmert. Grund dafür sind Huminstoffe, die durch die Zersetzung von Pflanzen entstehen und so für ein bisschen Magie sorgen. Durchs buntbelaubte Geäst sieht man das Rote Wasser schon nach wenigen Metern zum ersten Mal schimmern. Ihm folgt man die ersten Kilometer zunächst mal richtig schön tief rein in den Wald.

Bald kreuzt der Herrenweg den Fluss und erinnert einen daran, dass man ja für die Vielfalt der Farben hergekommen ist und nicht nur für die Färbung des plätschernden Gewässers, das die Herbsttöne des Waldes zuletzt fast völlig in den Hintergrund gerückt hatte. Zeit, den Fokus ein bisschen zu ändern und den Fluss eine Weile links liegen zu lassen. Der Weg führt durch die bunten Herbstbäume des

Dem Roten Wasser auf der Spur, zeigen sich auch spät im Jahr noch eine Menge Farben.

mystischen Waldes zwischen den Erhebungen des Großen und Kleinen Badenstein hindurch in Richtung des Naturschutzgebiets Langer Grund, das Vögeln und Libellen tolle Lebensräume bietet. Ob die sich wohl so spät im Jahr noch sehen lassen?

Vielleicht zeigt sich gegen Ende der Runde sogar noch die Sonne. Ganz vorsichtig späht sie dann zwischen den Wipfeln hindurch in den Wald, um ja nichts zu verpassen, und hüllt verbleibendes Grün und Herbstlaub in die schönsten Goldtöne. Der Dunst passt plötzlich perfekt zur Stimmung und fast könnte man meinen, man hätte den Winter einfach übersprungen. Das Rote Wasser, das einen seit der Durchquerung des Orts wieder bis zum Auto begleitet wie ein alter Bekannter, funkelt golden zurück. Und wenn der Sommer zehnmal vorbei ist: Bis zum Winter hat die Natur noch eine ganze Menge Asse im Ärmel.

FAZIT: RICHTIG IN DER ERINNERUNG FESTGEHALTEN, BEGLEITEN EINEN DIE FARBEN- UND LICHTSPIELE DIESES TAGES DURCH DIE WINTERTAGE.

Hin & weg: Mit dem Auto zum Wanderparkplatz an der L3077, etwas nördlich der Drusenborn-Quelle.

Beste Zeit: September–Dezember.

Dauer & Strecke: 4 Std., 13,1 km, 170 Hm.

Ausrüstung: Wetterfeste Kleidung, Proviant für ein Picknick unterwegs.

VERSTECKSPIEL IM NEBEL

… an den Ederauen in Fritzlar

Ja, muss es denn immer Schönwetterwandern sein? Keineswegs! Ein Abstecher nach Fritzlar beweist, dass Spaziergänge auch bei Mistwetter und Nebel Spaß machen. Herbst- und Wintertöne zeigen sich in ihrer ganzen Pracht – allerdings erst dann, wenn man direkt vor ihnen steht.

#Sinneschärfen #alteGemäuer #durchNebelschwaden #versteckteAuen

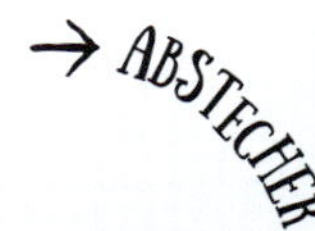

Am Ederwehr in Fritzlar wird dank der Kraft des Wassers Strom erzeugt.

An Tagen wie heute, da hat der Winter mal ohne Frage gewonnen. Eine eisige Kälte liegt in der Luft und selbst den letzten Herbstblättern an den Bäumen wird es langsam zu bunt. Die Natur gönnt sich eine Auszeit und hüllt sich dafür schon mal in dichten Nebel. Aus dem geplanten Sightseeing in Fritzlar wird heute eben ein Sights-Erahnen – und das zeigt die Stadt von einer ganz besonderen Seite, die noch ein bisschen besser eine Vorstellung davon weckt, wie die Siedler, Kleriker, Handwerker und Kaufleute hier im Mittelalter gelebt haben mögen.

Vom Bahnhof in Fritzlar, der von Kassel und Bad Wildungen aus gut zu erreichen ist, geht's zunächst einmal bergauf in Richtung Altstadt. Sie liegt gute 50 Meter oberhalb der herrlichen Naturlandschaften, die entlang von Eder und Mühlengraben zu finden sind. Aber dazu später mehr.

Zuerst stehen Treppensteigen und Hügelerklimmen auf dem Programm, und das Schönste an einem Tag ohne große Weitsicht ist, dass man sich ganz auf das konzentrieren kann, was direkt vor einem liegt - vor allem, wenn langsam die ersten Sonnenstrahlen den Nebel durchbrechen. Nachdem man den ersten der vielen Stadttürme, den Bleichen-

An Tagen, an denen kein Nebel im Tal hängt, gibt es – quasi zum Trost – eine herrliche Aussicht über die Landschaft.

turm, passiert hat, biegt man in den Rondengang ein. Dieser folgt den knapp 2,5 Kilometern erhaltener Stadtmauer, die Fritzlar zu einem der lebendigsten historischen Orte Deutschlands macht.

Wer mag, gönnt sich einen kurzen Abstecher zum Marktplatz, etwa um im Café Hahn (www.cafehahnfritzlar.de) erst mal in Ruhe zu frühstücken. Ein bisschen Aufwärmen kann vorm Rest der Strecke ja nicht schaden. Wieder zurück an der Stadtmauer ist der spektakulärste der noch erhaltenen zehn Wehrtürme (es waren mal 23) ohne Frage der Graue Turm, der gerade im Nebel seinem Namen alle Ehre macht. Mit fast 40 Metern Höhe ist der 1274 erbaute Koloss einer der höchsten noch erhaltenen Wachtürme Deutschlands.

Von hier aus begibt man sich wieder in den unteren Teil der Stadt, in die mystische Winterlandschaft der Ederauen. Wenn sich auch hier der Nebel noch nicht verzogen hat, eignet sich der Mühlgrabenpfad, der direkt unterhalb der Altstadt startet, ideal, um einfach mal die restlichen Sinne zu schärfen. Die Schäfchen, die nur wenige Meter nebenan weiden, sorgen für den typischen Geruch von Stall und Natur, die Geräusche von raschelndem Laub und dem Plätschern des Wassers begleiten einen auf der Strecke zur Staustufe. Hier sind trotz des Nebels genügend Fußgänger unterwegs. Vielleicht findet man einen freundlichen Einheimischen, der einem erklärt, was hier eigentlich zu sehen wäre, würde der Nebel nicht alles in seinen Dunst hüllen. Den Rest übernimmt einfach die Imagination. Und wer noch nicht genug hat, kann die Runde ja problemlos im Sommer bei Sonnenschein und 30 Grad als einer von vielen Besuchern wiederholen.

FAZIT: WO ES NICHTS ZU SEHEN GIBT, DA GIBT'S UMSO MEHR ZU ENTDECKEN.

Hin & weg: Mit der Regionalbahn nach Fritzlar.

Beste Zeit: Vormittags an Wintertagen stehen die Chancen auf Nebel recht gut. Dunstfrei ist Fritzlar aber natürlich auch wunderschön.

Dauer & Strecke: 3,5 Std., 8 km, gefühlt eine Million Treppenstufen.

Ausrüstung: Muckelig warme Winterkleidung.

---

2. KAPITEL AUSFLÜGE

Raus für einen Tag

12H

Am Strand mitten in der Stadt, in bunten Blumenwiesen und mittendrin in der Stille des Waldes – wer Abenteuer sucht, muss einfach mal genau hinschauen.

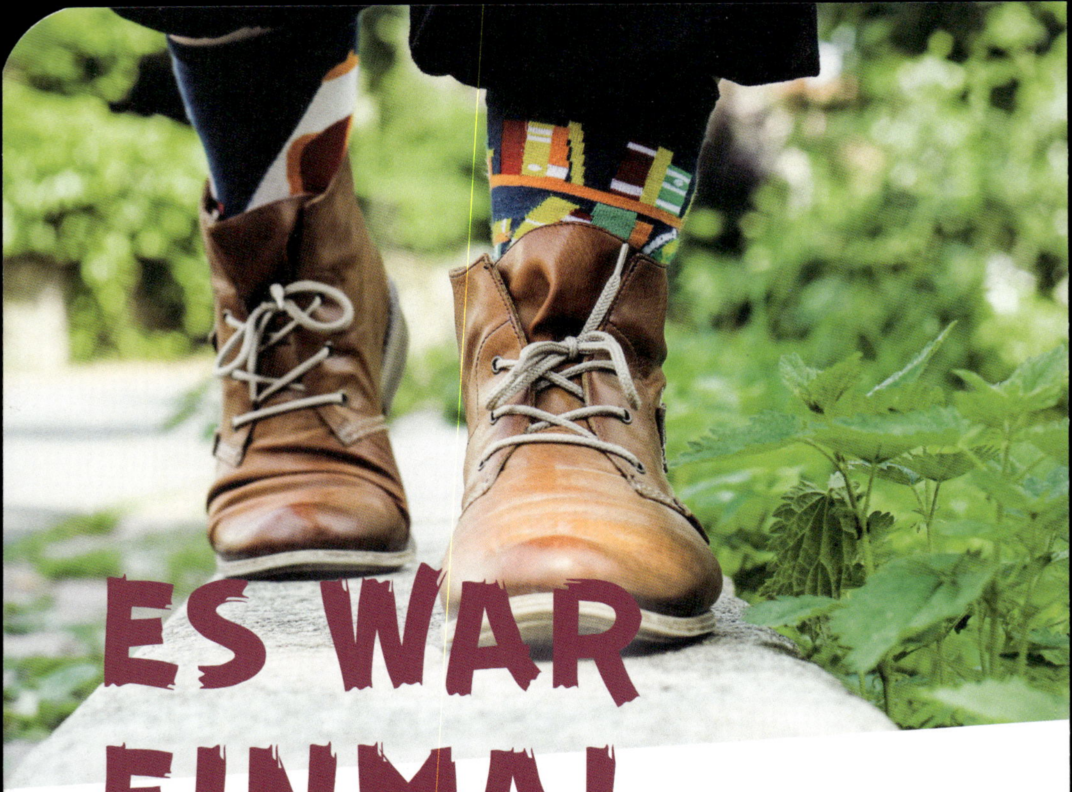

ES WAR EINMAL …

… in Niederzwehren

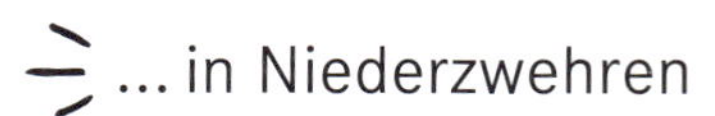

#21

Mit ihrer Märchensammlung haben es Wilhelm und Jacob Grimm zu Weltruhm gebracht. Die Frau, von der sie viele ihrer Geschichten hatten, blieb jedoch im Hintergrund. In einem Stadtteil von Kassel geht's auf Spurensuche nach der Geschichte der Märchenfrau Dorothea Viehmann.

#märchenhaftesKassel #Ghostwriterin #Inspirationtanken #BücherBücherBücher

Den Märchenplatz in seiner heutigen Form gibt es erst seit den 2010ern – er ist aus dem Stadtteil aber kaum mehr wegzudenken

Die allermeisten Menschen, die sich hierzulande für Geschichten begeistern, hörten als erste eine, die mit den Worten »Es war einmal …« anfing. Die Märchen, die die Gebrüder Grimm gesammelt haben, machen uns Mut wie Hänsel und Gretel, bringen uns zum Lachen, wie die Geschichte von Hase und Igel, und manchmal – zwischendurch – auch ein bisschen zum Weinen.

Viele von ihnen führen zurück zu einer ganz bestimmten Frau aus Nordhessen – und mit ihr in einen Stadtteil im Süden von Kassel, der heute von der Innenstadt aus ganz einfach mit der Straßenbahn zu erreichen ist. Und die Geschichte der Dorothea Viehmann, die es hier in Niederzwehren zu erkunden gibt, die geht so:

Es war einmal ein Mädchen namens Dorothea, die liebte Geschichten. Und weil sie als Tochter eines Gastwirts aufwuchs, bekam sie davon auch eine ganze Menge zu hören. Handwerksburschen, Fuhr- und Kaufleute aus dem ganzen Land machten in der Wirtsstube Rast und erzählten von Sagen und Legenden,

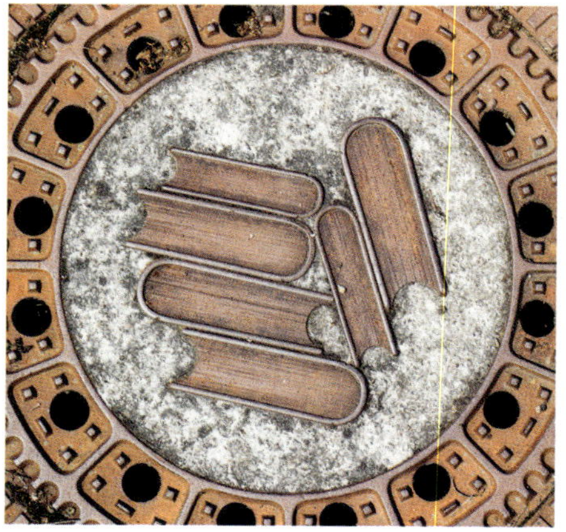

Dank Dorothea Viehmann dreht sich im Stadtteil Niederzwehren wirklich alles um Bücher und Fantasie.

die sie auf ihren Reisen aufgeschnappt hatten. Und weil ihre Familie aus Frankreich stammte und wegen ihres Glaubens von dort vertrieben worden war, kannte Dorothea von ihren Eltern natürlich auch französische Märchen in- und auswendig. Eines Tages lernte sie als junge Frau den Schneider Nikolaus Viehmann kennen, verliebte sich in ihn und zog mit ihm von ihrer Heimat Rengershausen einen Ort weiter, vor die Tore einer Stadt namens Kassel, wo die beiden eine Familie gründeten. Die Märchen aus ihrer Kindheit, die vergaß Dorothea aber nie …

Und so kam es, dass die Gebrüder Grimm von einem glücklichen Zufall sprachen, als sie im 1813 noch eigenständigen Niederzwehren die ältere Frau trafen, der sie über 40 der berühmten Grimmschen Märchen verdanken sollten, darunter »Die Gänsemagd« und »Der Teufel mit den drei goldenen Haaren«. Dass die Frau im Hintergrund nicht in Vergessenheit gerät, dafür machen sich viele Menschen in der Stadt seit Jahren stark. Neben dem Märchenplatz in Niederzwehren erhielt auch ein Park im Stadtteil Dorothea Viehmanns Namen. Und ein Spazierweg führt von der etwas nördlich gelegenen Grimmwelt, einem Museum über die Märchenerzähler, durch Niederzwehren zur Knallhütte in Rengershausen. Zu genau dem Wirtshaus, in dem die Geschichte des Mädchens Dorothea angefangen hatte.

Wer mag, kann auch problemlos einfach einen ganzen Tag durchs Leben der Märchenfrau in Niederzwehren bummeln, wenn gerade die Natur aus dem Winterschlaf erwacht. Denn

auch wenn Dorothea Viehmann bereits 1815 gestorben ist, lebt die Magie des Ortes, den sie prägte, bis heute weiter.

FAZIT: WER SICH FÜR INSPIRIERENDE FRAUEN INTERESSIERT, IST BEI DOROTHEA VIEHMANN GOLDRICHTIG.

Hin & weg: Straßenbahn 5 oder 6 bis Dennhäuser Straße. Wer den Dorothea-Viehmann-Weg laufen will, steigt schon Am Weinberg aus.

Beste Zeit: Ab März.

Dauer & Strecke: 5,5 Std., 22 km hin und zurück auf dem Dorothea-Viehmann-Weg. Oder einen halben Tag auf Entdeckungstour in Niederzwehren.

Ausrüstung: Eine Ausgabe der Gebrüder Grimm.

AB IN DIE TROPEN

… über die Landesgrenze nach Uslar

#22

Wenn die Wege trotz Frühlingstemperaturen voll mit Pfützen sind, wie wär's mit einem Abstecher in Richtung Tropen? Die liegen näher, als man glaubt, nämlich im südniedersächsischen Uslar, und haben neben Sommergefühlen auch den nötigen Abenteuerfaktor zu bieten.

#Aprilwetterflucht #Flatteralarm #Dschungelfeeling #FreundefürsLeben

Zum Verlängern des Ausflugs in die Tropen kann man sich im Garten eines der Schlaffässer mieten.

Wer im Norden von Hessen zu einem Spaziergang ins Nachbarland aufbricht, der erwartet alles, aber nicht das ... Temperaturen von 30 Grad, drückende Luftfeuchtigkeit, gigantische Tropenpflanzen und beschlagene Brillengläser – von der Kamera gar nicht zu reden. Was die Tropen wohl in Uslar zu suchen haben?

Um die exotischen Bedingungen perfekt zu machen, kommt gerade noch eine neue Zufallsbekanntschaft angeflogen: Ein orangebraun gemusterter Schmetterling steuert die neuen Besucher an und scheint direkt Freundschaft schließen zu wollen. Er setzt sich genüsslich auf den Handrücken – das Salzwasser, das die Menschen bei diesen Temperaturen loswerden, ist hier offenbar sowas wie eine Delikatesse. Na, wenn er meint, dann kommt er eben mit. Ganz vorsichtig geht's nun gemeinsam eine Runde durch den Dschungel, den seine Gründer bereits Anfang der 1990er-Jahre hier in Uslar eröffneten. Die heutigen Betreiber kannten den Park schon als Kinder und mussten nicht lange darüber nachdenken, ob sie Lust hätten, das Geschäft mit seinen Dutzenden Arten Schmetterlingen zu übernehmen. Die Tierchen leben im

---

Hin & weg: Regionalbahn bis Vernawahlshausen oder – falls es für den Spaziergang doch mal zu doll regnet – Uslar.

Beste Zeit: Bei klassischem Aprilwetter, zwischen Ende März und Oktober. Öffnungszeiten: www.schmetterlingspark.org

Dauer & Strecke: 6 Std. mit Picknick im gemütlichen Hof des Schmetterlingsparks.

Ausrüstung: Nach dem schweißtreibenden Tropenspaziergang tut ein Handtuch gut.

Damit das tropische Klima nicht gestört wird, müssen Gäste des Schmetterlingsparks vor dem Betreten eine Schleuse durchqueren.

Schnitt in einer 400er-WG im lichtdurchfluteten Tropenhaus mit seinen hohen Decken, in zahlreichen Formen und Farben, daneben sicher genauso viele tropische Pflanzen. Und man muss schon genau hinschauen, um ja keinen Flügelschlag von einem noch spektakulärer gemusterten Schmetterling irgendwo zwischen tiefgrünen Blättern zu verpassen.

Aus Nordhessen über die Grenze zu spazieren, um das Spektakel mal in echt zu sehen, geht ganz einfach über die Feldwege zwischen Vernawahlshausen und Uslar, bei Aprilwetter eben mit hochgeklappter Kapuze und wasserdichtem Schuhwerk. Die Bahnstation des Ferienorts im Wesertal liegt nur wenige Meter von der Grenze zu Niedersachsen entfernt. Am Schmetterlingspark angekommen, baut man sich im Hof des Schmetterlingshauses zuerst ein kleines Picknick auf und kann so immer mal wieder für kurze Abstecher hinein ins Tropengetümmel – denn gewöhnungsbedürftig ist das Klima mitten im Aprilwetter zumindest im ersten Moment auf jeden Fall.

Und der neue geflügelte Kumpel? Kann sich weder über Temperaturen noch über den netten Besuch beschweren und bleibt, bis es für die Menschen wieder nach draußen geht, genüsslich auf dem Handrücken sitzen. Und fliegt am Ausgang dann der nächsten Monstera entgegen.

FAZIT: DIE WARTEZEIT BIS ZUM NÄCHSTEN URLAUB MACHT DER ABSTECHER IN DIE TROPEN AUF JEDEN FALL KÜRZER.

BOCK AUF BAROCK

... in Bad Karlshafen

Nördlicher als hier wird's nicht in Hessen. Das Städtchen Bad Karlshafen ist geprägt von Barock und Sole, Hafentraditionen und Mittelaltergeschichte. Um das alles zu entdecken, reicht ein Tag – der einen allerdings immer wieder wie magisch hierher zurücklocken wird.

#BarocktrifftMittelalter #dickeMauern #Badenverboten #Beinebaumeln

Ohne einen Abstecher in die Geschichte der Stadt geht bei einem Ausflug nach Bad Karlshafen gar nichts. Dafür trägt der Ort, der 1699 auf Geheiß von Landgraf Karl von Hessen unweit der Weserklippen gegründet wurde, zu viele Anekdoten, historische Feinheiten und wichtige Entscheidungen im Herzen. Von den ersten Augenblicken der Planung am Reißbrett bis hin zu bedeutenden Schritten in der Neuzeit wie jenem, den hübschen Barockhafen wiederzubeleben.

Der ist gerade auf dem besten Weg dahin, sich nach der Abtrennung von der Weser im frühen 20. Jahrhundert und der Wiederanbindung gut 100 Jahre später wieder zu einem Lieblingsort in der Stadt zu mausern. Wer hier über Holzstege ganz nah ans Wasser rangeht, die Beine in der herrlichen Frühlingssonne baumeln lässt und einen mitgebrachten Kaffee schlürft, kann Wasservögel beobachten und sehen, wie sich die Prachtbauten ringsum im Wasser spiegeln.

Tatsächlich ist der Hafen auch einer der Gründe dafür, dass die Stadt, die heute die nördlichste Hessens ist, überhaupt existiert. Der Landgraf, der lästige Zölle umgehen wollte, plante den Hafen als Teil eines Kanalsystems, das die Weser über einen Wasserweg direkt mit Kassel verbinden sollte. Aus dem Kanal wurde zwar letztlich nichts, dafür wurde aus Bad Karlshafen eine Planstadt im Stil des Weserbarock, wo gerade in den Anfangsjahren Menschen Zuflucht fanden, die wegen ihres Glaubens vertrieben worden waren. Spuren der Hugenotten und Waldenser gibt es hier nicht nur im Museum (www.hugenot-

Einfach nur einen Stadtbummel genießen oder eine Menge über Anekdoten aus Mittelalter und Barock lernen - in Bad Karlshafen geht beides.

tenmuseum.de), sondern auch auf dem Hugenottenturm oberhalb der Stadt, zu dem ein steiler Spazierweg führt.

Dass die Geschichte der Stadt aber noch viel weiter zurückgeht als in die Zeiten des findigen Landgrafen, beweist der inzwischen eingemeindete Stadtteil Helmarshausen, der entweder mit dem Rad an der Diemel entlang oder direkter über einen Spaziergang in unter einer Stunde zu erreichen ist. Hier stehen neben Hunderte Jahre alten herrschaftlichen Fachwerkhäusern auch Überreste eines vor über 1000 Jahren gegründeten Klosters und die Ruine der stolzen Krukenburg. Zurück in Bad Karlshafen geht's zur Stärkung, falls das Wetter schon mitspielt, auf die Terrasse des Restaurants Zum Weserdampfschiff (www.zumweserdampfschiff.de), wo man beim Essen herrlich der Weser auf ihrem Weg Richtung Meer zuwinken kann.

Hin & weg: Bahn oder Bus bis Bad Karlshafen Bahnhof.

Beste Zeit: An einem schönen Tag ab März.

Dauer & Strecke: Ganzer Tag. Von der Innenstadt zum Hugenottenturm 30 Min., 1,1 km; Radweg vom Bahnhof nach Helmarshausen 30 Min., 5,7 km; als Spaziergang 45 Min., 3,2 km.

Ausrüstung: Evtl. Fahrrad, wer gerne spaziert, macht einen Stadtbummel mit Wandereinlage draus.

FAZIT: DAS HAFENFLAIR LÄSST EINEN HIER FAST VERGESSEN, DASS MAN NOCH IN HESSEN IST.

ÜBERM WERRATAL

#24

Eine Wanderung rund um Eschwege verbindet die schöne Fachwerkstadt mit ruhigen Naturmomenten und aussichtsreichen Zwischenstopps. Von ganz oben auf dem Bismarckturm hat man einen herrlichen Blick übers gesamte Frau-Holle-Land – Kunststück, dass es hier von Märchen und Legenden nur so wimmelt.

#Fachwerkwandern #Stufenzählen #360Grad #Staunfaktor

Landschaftspanoramen gibt's oben angekommen in alle Richtungen. Von hier aus sieht man bis zum Hohen Meißner.

Wer auf der Aussichtsplattform des Bismarckturms angekommen ist, hat den ultimativen Logenplatz der Region erreicht. Kurz vor Ende des Rundwanderwegs und nach über 100 Stufen bis rauf zur Aussichtsplattform ist der Ausblick nun auch wirklich redlich verdient. Phänomenal, oder?

Hier oben stehend, liegen einem nicht nur Eschwege und der Werratalsee zu Füßen, sondern auch der Höhenzug des Hohen Meißner, die Hessische Schweiz, die Plesse im Nachbarstädtchen Wanfried und überhaupt so ziemlich alles, was die Landschaft und Natur des Naturparks Frau-Holle-Land so ausmacht. Ein Rundumblick, den man in dieser Form nur hier zu sehen bekommt, und das auch nur, weil der 26 Meter hohe Turm auf dem dicht bewachsenen 319 Meter hohen Großen Leuchtberg einen gerade genug über die Baumwipfel drüberspähen lässt. Auge in Auge mit den Raubvögeln, die hier überm Werratal im Jagdmodus sind und sich von den Besuchern wenige Meter entfernt gar nicht groß aus der Ruhe bringen lassen. Bevor man aber hier ankommt, steht einiges an Auf und Ab auf dem Plan des Wandertags. Dieser startet direkt in der Eschweger Innenstadt unweit von Parkmöglichkeiten und Stadtbahnhof und führt erst mal mit leichtem Anstieg raus aus der trubeligen Innenstadt. Sightseeing und Shopping sollten aber trotzdem besser warten bis nach der Wanderung, man will ja keinen unnötigen Ballast mitschleppen.

Über die Blaue Kuppe, ein Naturschutzgebiet zwischen Basaltfelsen, die ein felsiges Wahrzeichen der Stadt geworden sind, geht's direkt zum ersten Panoramamoment mit Staunfaktor am höchsten Punkt der Wanderung,

Mit über 1000 Fachwerkhäusern ist Eschwege eine besonders hübsche Station der Deutschen Fachwerkstraße.

dem 466 Meter hohen Lotzenkopf. Dafür lohnt sich der anstrengende Aufstieg, nachdem man sich hier erst mal eine Picknickpause verdient hat.

Die gute Nachricht: An diesem Punkt startet endgültig die Genusswanderung, immer leicht bergab durch herrliche Wälder und über aussichtsreiche Pfade in Richtung Bismarckturm. Der verlangt zwar noch einmal einen kurzen Anstieg und ein bisschen Treppenfitness, die Aussichten entschädigen dafür aber mühelos. Genug die Welt von oben bewundert? Dann geht's jetzt aber wirklich wieder mittenrein ins Werratal. Hier wartet neben ganzen Straßenzügen voller Fachwerk, schönen Geschäften und einem Altstadtgasthof mit urig hessischer Küche (www.altstadtgasthof-krone.de) auch noch ein hübscher botanischer Garten für einen Abstecher – sofern einem nach der großen Stadtwanderung noch der Sinn danach steht. Ansonsten: einfach wiederkommen!

FAZIT: WAS SO EIN PERSPEKTIVWECHSEL NICHT ALLES AN ENTDECKUNGEN BEREITHÄLT.

Hin & weg: Bus oder Bahn bis Eschwege Stadtbahnhof.

Beste Zeit: März–Juni.

Dauer & Strecke: 6 Std., 19 km, 482 Hm.

Ausrüstung: Extraplatz im Rucksack für Mitbringsel, bequemes Schuhwerk.

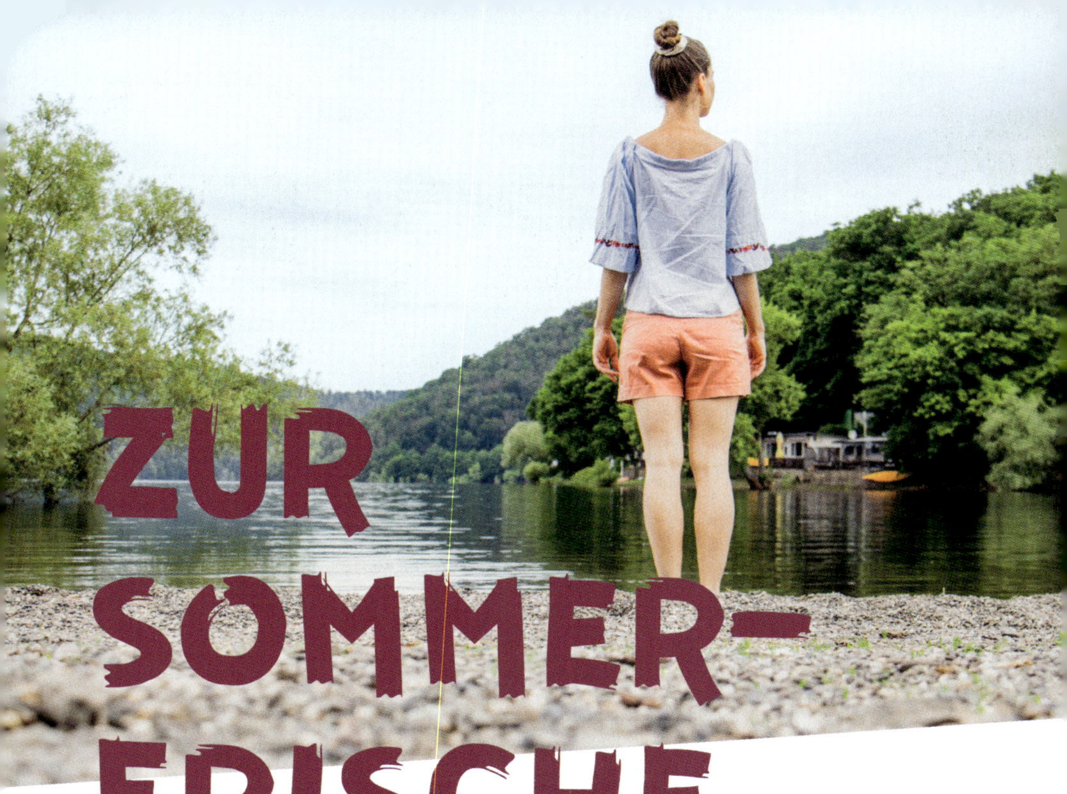

ZUR SOMMER-FRISCHE

... am Edersee

#25

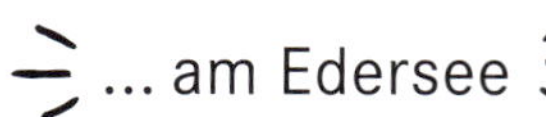

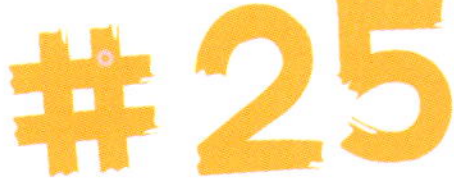

Egal, ob der Sommer schon da ist oder noch auf sich warten lässt: So ein Tag am See fühlt sich an wie der schönste Urlaub. Wer sich dafür den Edersee aussucht, kann einen Besuch am Strand, Sightseeing und Wandern mühelos miteinander verbinden. Und gutes Eis gibt's natürlich auch.

#Strandurlaub #EisamSee #UrwaldzumSchloss #wieamMeer

Ob die Gebrüder Grimm wohl auch gern mal Urlaub am Edersee gemacht hätten? Einfach kilometerweit am See entlangschlendern, verträumt aufs Wasser schauen, die Gedanken schweifen lassen … Immerhin definierten sie schon in ihren Mitte des 19. Jahrhunderts erschienenen Wörterbuchausgaben den Begriff Sommerfrische als »Landlust der Städter im Sommer« – die Sehnsucht, die einen zur Urlaubszeit überkommen kann, war ihnen also ohne Frage ein Begriff.

Doch während der Stausee, der Teil eines Nationalparks ist, heute Urlaubssuchende und vor allem Ausflügler, die die Zeit bis zum Urlaub noch ein wenig überbrücken müssen, wie magisch anzieht, war an ihn zu Zeiten des berühmten Brüderpaars noch lange nicht zu denken. Die Eder, die hier seinerzeit noch als Edder floss, wurde erst Jahrzehnte später zur Sicherung des Schiffsverkehrs auf einigen wichtigen Hauptwasserstraßen während der zunehmenden Industrialisierung aufgestaut und gezähmt – den Grimms hätte sich zwar auch ein schönes Bild geboten, aber eben ein ganz anderes als heute.

Für einen richtig schönen Seeurlaub reichen – wenn man nur einen Tag Zeit hat und weiß, wie man's richtig anstellt – bereits wenige

Stunden und ein Busticket nach Edertal, etwa vom Bahnhof in Bad Wildungen. Erster Stopp an diesem Morgen ist der Ortsteil Rehbach, den Seekenner als schönstes Strandbad am See empfehlen. Ob der Sprung in den See hier Erfrischung oder Mutprobe ist, kommt ein bisschen auf die Temperaturen an – und natürlich auf einen selbst.

Von hier führt ein schöner Weg immer ganz nah am Wasser entlang zur wohl berühmtesten Sehenswürdigkeit am See, der 400 Meter breiten Talsperre, hinter der sich die Eder aufstaut. In ihrer Umgebung gibt's viele Restaurants und Imbisse zum Pausemachen und in der Eismanufaktur Lecko Mio (facebook.com/oh.lecko.mio) das angeblich beste Eis der Umgebung.

Von hier könnte man zum Schloss Waldeck einfach weiter am See entlangschlendern, zwischendurch vielleicht noch eine kleine

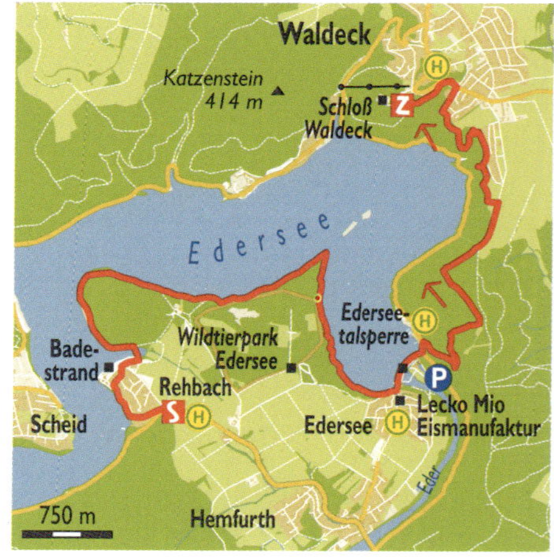

Fernweh gefällig? Ein Ausflug an den Edersee kann Reiselust wecken, einem aber auch die Illusion geben, ganz weit weg zu sein.

Bootspartie dank einem der vielen Verleiher am Ufer machen. Schöner ist es aber, wenn man zum Schloss noch eine kleine Wanderung einlegt. Unweit der Talsperre führt ein Pfad auf den Kanzelweg mit endlosen Panoramablicken, dem man in Richtung Waldeck einfach ein Stück weit folgen kann. Und der Aufstieg zum Schloss, dem letzten Ziel dieses Tages mit einem traumhaften Seeblick, der fällt von hier dann auch gar nicht mehr sonderlich schwer.

An richtigen Sommertagen kann es sich auch lohnen, die Tour umzudrehen. Erstens geht es so mehr bergab als bergauf, und zweitens tut die Abkühlung nach dem Wandertag dann doppelt so gut. Und der uralte Begriff Sommerfrische – der bekommt dann gleich eine ganz neue Aktualität.

Hin & weg: Bus 515 nach Edertal-Rehbach. Zurück mit Bus 510 ab Waldeck Stadtbrunnen. Auto am Parkplatz Edertalsperre parken und per Bus zum Start und wieder zurück.

Beste Zeit: Sobald sich ab April die Sehnsucht nach Sommer einstellt. Bad im See vielleicht besser erst ab Juni.

Dauer & Strecke: Ein ganzer Tag. Reine Gehzeit 5 Std., 11,8 km, 292 Hm.

Ausrüstung: Badesachen, feste Schuhe.

FAZIT: PERFEKTER TAG, UM DIE SEHNSUCHT NACH URLAUB ZUMINDEST NOCH EIN WENIG IN SCHACH ZU HALTEN.

VERZAUBERN LASSEN

... an der Sababurg

#26

Auf Pfaden, die durch einen wilden Urwald führen, geht es erst zur Stippvisite bei den tierischen Bewohnern von Wald und Wiesen und dann ganz nah ran ans sagenumwobene Dornröschenschloss ... So vielseitig wie beim Erkunden der Gegend um die Sababurg wird ein Ausflugstag selten.

#imMärchenwald #Urwaldpfade #verwunschenesSchloss #aufTuchfühlung

Für das Gefühl, das einen erfüllt, wenn man den Teil des Waldes betritt, der vor über 100 Jahren zum Urwald gemacht wurde, reicht eigentlich ein Wort als Beschreibung: gigantisch. Einmal als Zwerg unter den Baumriesen zu sitzen, die am Eingang des 1907 ausgewiesenen ersten hessischen Naturschutzgebiets den Wanderer mit raschelnden Wipfeln begrüßen – das Erlebnis allein hätte den Ausflug bereits gelohnt. Kaum zu glauben, dass hier das Abenteuer erst begonnen haben soll.

Wer erst mal über die meterhohen Baumgiganten gestaunt, ihnen von unten gebührend Respekt bekundet hat, kann sich über die Stege und Pfade der Wanderwege auf Erkundungstour machen, einfach einem der Rundwege folgen und in Ruhe abdriften in die unwirkliche Welt, die sich einem hier bietet. Zwischen bis zu zwei Meter hohen Farnen und noch viel höheren Eichen, Buchen und Birken findet man auch immer wieder Baumgestalten aus Totholz. Sie wurden im Schutzgebiet der Natur überlassen und bieten Lebensräume für andere Lebewesen und Gewächse, die hier den Artenreichtum beflügeln und so wirken, als hätte die Natur einfach auch mal kreativ sein wollen. Kunst am Baum sozusagen. Nach der ersten Entdeckungstour durch den Urwald geht's auf die eigentliche Route,

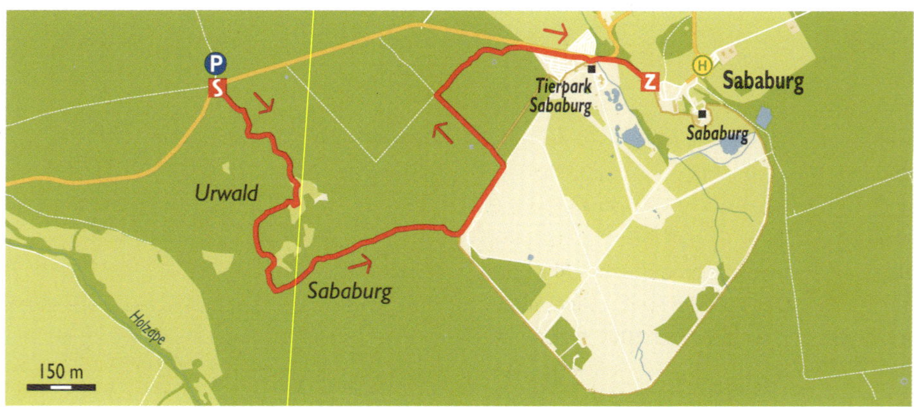

In den Bereichen des Urwildparks haben die Tiere große Freiräume. Hier leben auch verschiedene Arten zusammen.

denn außer Bäumen gibt's bis zur Sababurg noch etliches anderes zu sehen. Hin führt der längste der drei Urwaldpfade mit der roten Markierung, nach dessen Hälfte die Beschilderung schon auf den nächsten Zwischenstopp hinweist, an dem sich das Abschweifen lohnt: der Tierpark. Zwischen Eseln, Sumpfschildkröten, Schafen und Schweinen erinnert hier vieles an die Zeit, als noch sämtliche Bauern der Umgebung ihre Tiere im Sommer zur Hute, der traditionellen Waldweide, in den Forst trieben. Und erste Ausblicke auf die letzte der Sehenswürdigkeiten des Ausflugs, die gibt's natürlich auch schon. Die Sababurg ruft und mit ihr Märchenhaftes.

Denn auf die Idee, dass hier das sagenumwobene Dornröschen und mit ihm sein ganzer Hofstaat gelebt - beziehungsweise geschlafen - haben könnte, darauf käme man womöglich sogar ganz von allein ... auch ohne den allgegenwärtigen Beinamen Dornröschenschloss. Die Lage mitten im Wald, die geheimnisvollen Türme und die stattliche Größe der Burg sorgen auch heute noch für Märchenfeeling. Zu Zeiten, als das Gebäude nach der Zerstörung im Dreißigjährigen Krieg ganz verwildert und von dichten Hecken umgeben war, mag die Verbindung zur Dornröschenerzählung aber noch deutlich offensichtlicher gewesen sein. In jedem Fall bildet der Blick auf die heute als Hotel genutzte Burg den perfekten Abschluss der Tour, bevor es wieder zurück Richtung Urwald geht. Und mit ihm zu 1000 guten Gelegenheiten, sich noch ein bisschen verzaubern zu lassen.

FAZIT: OB SICH WOHL HEUTE IM URWALD IMMER NOCH MÄRCHENHAFTES ABSPIELT?

Hin & weg: Auto bis zum Parkplatz am Urwald. Ab Hofgeismar oder Hann. Münden fährt auch ein Bus zur Sababurg, dann die Tour einfach umdrehen.

Beste Zeit: Wenn der Urwald im Sommer am grünsten ist.

Dauer & Strecke: Gute 2,5 Std. und 9 km Strecke vom Urwald zum Schloss und zurück - man kann aber problemlos stundenlang vom Weg abkommen.

Ausrüstung: Das denkbar bequemste Ausflugsoutfit, damit der Tag so lang werden darf, wie man möchte.

PADDELN IM STEHEN

... SUP am Singliser See

#27

Bei 30 Grad und strahlendem Sonnenschein schlägt die Sehnsucht nach Meer so richtig zu. Nächstbeste Alternative: ein Tag am Singliser See bei Borken, wo man auf türkisblauem Wasser herrlich ausprobieren kann, was am Trendsport Stand Up Paddling so dran ist.

#Wasserfunkeln #schöngeradehalten #Ganzkörperworkout #TagamSee

Dieser erste Moment auf dem SUP, wenn man aus dem Kniestand auf den Füßen zum Stehen gekommen ist, sich aufrichtet und sanft übers Wasser treibt, kann schon mal ganz schön zum Balanceakt werden. Ungewohnt zunächst, aber wenn man sich daran gewöhnt hat, fühlt es sich an, als hätte man sich nie anders fortbewegt. Ganz entspannt und Zug um Zug schwebt man übers Wasser und hat dabei alle Zeit der Welt, nach rechts und links zu schauen und sich neben dem Grün der Landschaft auch vom Funkeln des Wassers

Finne festgemacht und Paddelhöhe eingestellt? Dann kann das Abenteuer auf dem Wasser auch schon beginnen.

beeindrucken zu lassen. Ein herrlicher Ort, um den Sport auszuprobieren oder regelmäßig aufs Board zu steigen, ist der Singliser See im Stadtgebiet von Borken, der dank seines strahlend türkisblauen Wassers auch schon mal von euphorischen Stimmen als hessische Karibik bezeichnet wird. Ob's übertrieben ist – davon muss man sich schon mit eigenen Augen überzeugen.

Und was eignet sich da besser als ein traumhafter Sommertag, an dem der durch Braunkohleabbau entstandene See in der Sonne besonders herrlich schimmert? Vorher noch kurz die Kurs- und Verleihzeiten des örtlichen Stand-Up-Paddling-Anbieters gecheckt, dann kann's auch schon losgehen.

Denn SUP, wie der Sport in Kurzform genannt wird, ist nicht nur eine spaßige Sommeraktivität, sondern auch ein echtes Ganzkörpertraining, wie Trainerin Liane bei ihrer Einführung erklärt. Spielend leicht gelingt es ihr, die Balance zu halten, sich auf dem Board zu bewegen und sich paddelnd zum Ziel fortzubewegen – und das alles auch noch einer Gruppe blutiger Anfänger zu demonstrieren. Vom Kind bis zum rüstigen Rentner kann SUP eigentlich jedem Spaß machen. Einigen Kursteilnehmern fallen Einzelheiten im ersten Moment noch ein bisschen schwerer – manch einer landet sogar das ein oder andere Mal im Wasser, bevor er endlich den Dreh raushat. Aber Übung macht ja schließlich den Meister und sorgt so auch mit der Zeit für den großen Spaß auf dem Board. Ob sie wohl, wie viele vor ihnen, der Sportart so richtig verfallen werden?

FAZIT: TRENDSPORTART MIT SUCHTFAKTOR UND GANZKÖRPERTRAINING – WAS WILL MAN MEHR?

Hin & weg: Bahn bis Singlis oder mit dem Auto zum Parkplatz am Singliser See.

Beste Zeit: Wenn ab Juli der Sommer echte Strahlkraft entwickelt. Ausleih- und Kurszeiten unter www.schwalm-sup-safari.de

Dauer: Problemlos den ganzen Tag. Kurse dauern 90 Minuten.

Ausrüstung: Badesachen, eigenes SUP oder Leihboard. Picknick oder Geld für den Imbiss am See.

TIERISCH GELASSEN

... im Wildpark Knüll

#28

In einem der weitläufigsten Wildparks des Landes kommt man der Wildnis ganz nah. Dann zeigen Mensch und Tier, wie das mit dem Zusammenspiel funktioniert, und beobachten einander mit großen Augen – und das ein oder andere voneinander lernen können sie auch noch.

Die erste Lektion an diesem Sommertag im Wildpark Knüll ist eigentlich ganz einfach: Eile mit Weile, und zwar für Profis. In der Wohngemeinschaft der Bären und Wölfe beginnt der Tag ganz gemütlich. Von den Bären, die hier wohnen, ist nur einer ganz tiefenentspannt im Frühstücksmodus unterwegs, streift fast schon meditativ durch die saftig grüne Wiese und schmaust genüsslich vor sich hin. Immer einen Schritt nach dem anderen der Nase nach zu neuen Köstlichkeiten …

Wer würde da auch in Hektik ausbrechen? Seine Mitbewohner indessen, die haben sich noch mal umgedreht und verkrümeln sich vor der Sommerhitze in den Schatten. Sich den gespannten Besuchern auf der Empore, die durch das große Wildtiergehege führt, zeigen? Später vielleicht! Auch bei den Wölfen wird sich noch genüsslich gereckt und gestreckt. Kurze Lagebesprechung, dann setzt sich das Rudel in Bewegung, überlegt es sich beim nächsten Schattenplatz aber doch wieder

anders. Wer gerne die Kontrolle hat und auf perfekte Tierbilder aus ist, muss bei diesen Modellen dann eben Geduld lernen. Die Tiere machen hier die Spielregeln, und das ist auch richtig so!

Das Wölfe-und-Bären-Areal gibt es im Wildpark, der im Stadtgebiet von Homberg (Efze) direkt am Rande des Knüllwalds liegt, erst seit 2007, die Parkgeschichte begann allerdings schon viel früher. 1968 wurde der Park eröffnet und galt mit seinem offenen Konzept – mit freilaufendem heimischen Wild wie Dam- und Rothirschen, Rehen und Zwergziegen – damals als kleine Sensation. So nah ran an den Alltag im Wald kam man nur selten. Von 28 Tieren ist der Bestand über die vergangenen gut 50 Jahre massiv auf über 400 gewachsen – und damit auch die Größe des Parks, der problemlos einen Wanderausflug ersetzt. Inklusive einer Menge Auf und Ab und herrlichen Aussichten hinein in die Landschaft ringsum. Die Pfade, Wege und Stege führen heute über ein 50 Hektar großes Gebiet.

Und da kommt auch schon Lektion Nummer zwei ins Spiel: Respekt vor der Natur. Wenn man dem Hirsch mit dem ausladenden Ge-

---

Hin & weg: Bus 450 ab Homberg (Efze), oder direkt mit dem Auto zum Wildpark.

Beste Zeit: Ganzjährig, wobei die Natur im Sommer am aktivsten ist. Öffnungszeiten unter www.freizeit-schwalm-eder.de

Dauer & Strecke: Ein ganzer Tag.

Ausrüstung: Kamera für traumhafte Tierschnappschüsse.

Einige Arten bewegen sich den ganzen Tag über völlig frei auf dem 50 Hektar großen Wildparkgelände, kreuzen die Wege der Besucher und gehen auch schonmal auf Tuchfühlung.

weih, der nur wenige Meter entfernt in einem Waldstück steht und neugierig zu seinem Besuch rüberlunzt, so in die Augen schaut, sieht man mal ganz plakativ, welche Rolle der Respekt spielt, der leider immer noch nicht für jeden Zweibeiner selbstverständlich ist. Denn auch wenn die Tiere der Besuch nicht zu stören scheint, sind sie eben nach wie vor diejenigen, die hier im Mittelpunkt stehen und als Gastgeber entscheiden, was im Park passiert. Nicht mehr und nicht weniger. Und das macht den Ausflug zum Wildpark Knüll auch so besonders.

FAZIT: IN SACHEN RUHE UND GEDULD SIND DIE WALDTIERE NOCH IMMER DIE BESTEN LEHRMEISTER.

STRAND IN SICHT

… am Bugasee in Kassel

#29

Mit gut 10 000 Quadratmetern Wasseroberfläche und herrlichen Sandstränden ist der Kasseler Bugasee der perfekte Ort, um einen Sommertag zu verbringen. Von ganz früh bis ganz spät gibt's im und am Wasser eine Menge zu erleben.

#DayattheBeach #Sandburgarchitekten #FüßeimSand #1000Perspektiven

Das frühe Aufstehen hat sich gelohnt an diesem Sommertag. Ein Strand am funkelnden weiten See mit weichem, sauberem Sand ganz für einen allein. Handtuch ausgebreitet, raus aus den Schuhen – heute wird mit einem Sonnenbad in den Tag gestartet. Oder mit dem kühlen Nass, das selbst nach brütender Sommerhitze am Tag vorher wieder herrlich abgekühlt ist.

Kaffee und Croissant, die bringt man sich am besten direkt mit und frühstückt am See, mit

Areal für Neugierige: Wer die Strände und Hauptwege am Bugasee verlässt, findet versteckte Stege und ruhige Buchten.

Blick auf die wunderbare Natur. Das Wasser schimmert stellenweise fast jadegrün, zu hören ist zu dieser frühen Stunde vor allem das Schnattern von Wasservögeln. Schon wach geworden? Dann hilft wohl wirklich nur die Schocktherapie in Bikini oder Badehose...

Das Gefühl von Strand und Meer gibt's in Kassel in der heutigen Form erst seit den frühen 1980er-Jahren, bereits 20 Jahre vorher war die Seenlandschaft in der Fuldaaue beim Baggern von Sand und Kies entstanden. Zur Bundesgartenschau kamen Böschungen und Sandstrände dazu und sorgen seitdem für Urlaubsgefühle - und zwar mitten in der Stadt. Dass die Wasserqualität zum Baden, SUP fahren und Surfen gut genug ist, überprüft die Stadt regelmäßig und schlug zuletzt vor allem an heißen Sommertagen wegen zunehmend auftretender Blaualgen Alarm.

Von denen ist aber akut nichts zu sehen, sodass ein Antesten des Wassers nach dem Sonnenbad ohne Frage drin ist, bevor die anderen Abkühlungssuchenden auch auf die Idee kommen und es - wie so oft an heißen Tagen - von Sandburgen, Wasserbällen, Gummibooten und SUPs nur so wimmelt. Wenn sich die Strände dann langsam füllen, lässt sich ganz erfrischt noch ein kleiner Erkundungsspaziergang durch die Seenlandschaft unternehmen, die an jedem ihrer schmalen Strände und an jeder Böschung ein anderes Gesicht zeigt. Die Wahrscheinlichkeit, dass sich unterwegs doch noch mal irgendwo ein ruhiges Plätzchen zum Lesen oder Chillen oder eine entspannte Ecke in der Strandbar findet, ist hoch. Und wenn es abends wieder ruhiger wird und die untergehende Sonne für die passende Lichtstimmung sorgt, klingt der Tag hier genauso schön aus, wie er begonnen hat.

FAZIT: STRANDFEELING PUR – AUCH OHNE MEERESBRISE.

Hin & weg: Buslinien 16 bis Gärtnerplatzbrücke oder 12 bis Fuldaseen oder Straßenbahnen 5 oder 6 bis Auestadion.

Beste Zeit: Juni–September.

Dauer: Wer mag, bleibt von Sonnenauf- bis Sonnenuntergang.

Ausrüstung: Badesachen und Picknick.

Servus
Königs-
Alm

NÄCHSTER HALT: AUSZEIT

… mit der Tram nach Kaufungen

Der Weg von Kassel auf die Alm? Gute anderthalb Stunden, je nachdem, wo man unterwegs in die Tram 4 Richtung Oberkaufungen steigt. Ab hier ist das Alpenidyll Nordhessens ruckzuck erreicht.

#Kaiserschmarrnwetter #MiniBergtour #malwiederschaukeln

Bergidyll und Kaiserschmarrnwetter: Das Ambiente der Kaiseralm hat schon so manch einen überrascht.

Ein Päuschen und eine Portion Kaiserschmarrn, die sind trotz eher leichtem Anstieg bei dieser sommerlichen Bergtour redlich verdient. Am Nebentisch fröhliche Gespräche und unbeschwertes Gelächter, im Hintergrund dudelt Musik, die an Après-Ski und Gletschersonne erinnert, dabei könnte die Landschaft des Kaufunger Walds gerade kaum grüner sein. Der Sommer dürfte so gerne ewig dauern - genau wie der Tag auf der Alm, die von der Stadt gerade mal einen Katzensprung entfernt liegt.

Der Ausflug beginnt an jeder beliebigen Station der Tramlinie 4, die im Westen Kassels im Druseltal am Fuße des Bergparks Wilhelmshöhe startet und von hier in Richtung Kaufungen fährt. Ausgestiegen wird am Bahnhof Oberkaufungen, ab hier ist der Wanderweg gut ausgeschildert und die malerische Königsalm als erstes Etappenziel des Rundwegs zieht Wanderer ohnehin wie magisch an.

Der Hinweg führt am Rand des Kaufunger Walds vorbei an saftig grünen Hügeln und traumhaften Panoramen, Pferdekoppeln und Sonnenblumen. Wer zwischendurch in den Schatten wechseln will, hat immer mal wieder die Möglichkeit, für kleine Abstecher in die Waldbereiche am Wegesrand abzutauchen und dabei alles um sich herum zu vergessen.

Zurück auf dem Wanderweg biegt man dann Richtung Königsalm (www.koenigsalm.de) ab und reibt sich angesichts des Bergidylls mit bunten Balkonkästen und Bauernhausromantik als Erstbesucher zunächst ungläubig die Augen. Aufs Pausemachen verzichten ist da nicht drin, dazu sind Illusion und Bergfeeling hier oben viel zu perfekt.

Ein winziges Stück hinter der Königsalm wartet dann auch das symbolische Gipfelkreuz der Tour, der höchste Punkt der Strecke liegt auf gerade einmal 373 Metern im Kaufunger Wald. Ab hier geht es auch schon wieder abwärts über Waldpfade und Feldwege zurück Richtung Tramgleise. Wer mag und direkt eine Bahn zurück nach Kassel erwischt, kann schon an der Station DRK-Klinik wieder zurück Richtung Stadt fahren, zum Ausgangspunkt am Bahnhof Oberkaufungen sind es von hier aus aber auch nur noch wenige Meter.

Mit Balkonkästen und hübschen Details wirkt die Alm, als stünde sie hier schon seit Ewigkeiten – tatsächlich macht sie das Bergidyll erst seit 2009 perfekt.

FAZIT: DIE SEHNSUCHT NACH BERGEN, WINTER UND APRÈS-SKI SIND HIER OBEN GANZ SCHNELL GESCHICHTE.

Hin & weg: Tram 4 bis Oberkaufungen, etwa ab Kassel Wilhelmshöhe oder Friedrichsplatz.

Beste Zeit: Wenn zwischen Juli und September die Sommerhitze eine richtige Bergtour ganz schön anstrengend gestalten würde.

Dauer & Strecke: Insgesamt 5 Std. Reine Wanderzeit 2,5 Std., 8,1 km, 170 Hm.

Ausrüstung: Ein Ticket für die Tram.

GIPFEL SAMMELN

Wem die Zeit nicht für den Kurzurlaub in den Alpen reicht, hat im Nordwesten Deutschlands eine einfache Alternative: Willingen. Von hier geht's zu Bergseen, Hochheiden und herrlicher Stille. Und auf die belebten Innenstadtstraßen eines Skiressorts muss auch niemand verzichten.

#TagindenBergen #SonnestattSchnee #NRWzuFüßen #Bergumrundung

Pragmatischer Bergsee: Das Wasser, das zu Füßen des Hochheideturms gespeichert wird, sorgt im Winter für weiße Pisten.

Dass man in Willingen in einem echten Skiort gelandet ist, erkennt man auch mühelos ganz ohne Schnee im schönsten Hochsommer. Auf der geschäftigen Hauptstraße durch den Ort, der Briloner Straße, reihen sich in hübscher Regelmäßigkeit urige Wirtshäuser und Sportläden aneinander, Skischulen sind ausgeschildert, ebenso der Weg zur Mühlenkopfschanze, der größten Skisprungschanze der Welt. Und wenn Kitzbühel, Garmisch und Lech schon gefühlt so greifbar sind, was läge da näher als ein Tag in den Bergen?

Statt in die Alpen geht's heute zwar »nur« auf den höchsten Berg Nordrhein-Westfalens, aber auch bei einer Bergtour im Sauerland weiß man am Ende des Tages, was man geschafft hat. Los geht's am Willinger Bahnhof in Richtung der Sommerrodelbahn – ziemlich verlockend, hier schon direkt mal eine erste Pause einzulegen.

Von hier folgt gleich Gipfel Nummer eins an diesem Tag, der 805 Meter hohe Hoppernkopf, der Willingen in Hessen von Bruch-

hausen in Nordrhein-Westfalen trennt. Am historischen Richtplatz trifft der Weg auf den Rothaarsteig, der in verschieden langen Etappen auch als Fernwanderweg gegangen werden kann. Ihm folgend überquert man den höchsten Berg des Mittelgebirges, den 843 Meter hohen Langenberg. Und als wäre die Aussicht an sich hier oben nicht schön genug, hat man in diesen paar Stunden auch mal eben kurz das Bundesland gewechselt und ist zudem am Gipfelkreuz direkt an der höchsten Stelle Nordrhein-Westfalens angekommen. Bis zum Süden des Naturschutzgebiets am Hagen geht's über den Rothaarsteig weiter. Statt Richtung Winterberg abzubiegen, folgt man dem Weg nach Osten zum Willinger Stadtteil Stryck, wo neben einem knurrenden Magen auch noch andere Gründe für eine Rast sprechen. Neben der schon bestehenden größten Skisprungschanze entsteht hier seit einigen Jahren nämlich auch die größte Hängebrücke der Welt (www.skywalk-willingen.de). Eine Stärkung gibt's im gemütlichen Forsthaus (www.forsthaus-willingen.de).

Auf zum letzten Gipfel des Tages, dem Willinger Hausberg. Neben den Hochheidelandschaften und dem Blick hinunter auf Willingen kann man hier auch die Aussicht vom 59 Meter hohen Aussichtsturm genießen, an seinen Außenwänden eine Runde klettern gehen oder eine kurze Pause an dem Speichersee, aus dem im Winter die Schneekanonen gespeist werden, zu Füßen des Turms einlegen. Der Kyrill-Pfad hier oben erinnert als Lehrpfad an die schweren Sturmschäden aus dem Jahr

Auf dem Kyrillpfad entsteht nach dem schweren Orkan eine Art Schau-Urwald zwischen den Sturmschäden.

2007. Wer mag, kann jetzt mit der Seilbahn abkürzen oder läuft den Rest der Strecke runter ins Tal. Will man beim Rundweg noch ein wenig mehr schummeln, dreht man einfach die Route um, nimmt die Seilbahn bergwärts und spart sich damit einen der Aufstiege.

FAZIT: WER DEN ACHTHUNDERTER NICHT EHRT, IST DEN ACHTTAUSENDER NICHT WERT!

Hin & weg: Bahn, Bus oder Auto nach Willingen.

Beste Zeit: Mai–September, aber nicht gerade die heißesten Tage aussuchen.

Dauer & Strecke: Mit Pausen und Abstechern zu Aktivitäten 9–10 Std., 23,6 km, 667 Hm.

Ausrüstung: Wasser, Proviant, gutes Schuhwerk und Sonnenschutz.

AUEN-PICKNICK

… zwischen Rotenburg an der Fulda und Malsfeld

Auf dem Fahrradweg zwischen Rotenburg an der Fulda und Malsfeld wird die Fulda kaum einmal aus den Augen gelassen. Und das ist auch richtig so, schließlich warten entlang des Flusses neben Naturerlebnissen auch kuriose Fundstücke – und eine große Dichte an schönen Picknickplätzen.

#PicknickamUfer #Fachwerknostalgie #echterfrischend #Schwebebahn

Was das Ufer der Fulda so spannend macht, ist der Umstand, dass nach der nächsten Biegung alles wieder anders aussehen kann. Hat man eben noch schmucke Fachwerkfassaden passiert, geht's nun durch Auenlandschaften und kurze Zeit später an Wehren und Brücken vorbei. Um all diese Vielfalt in einen Tag zu packen, muss man schon mal einen Gang höher schalten. Sprich: Ab aufs Rad, die Fulda wartet. Der gesamte Fuldaradweg führt auf mehr als 250 Kilometern von der Fuldaquelle in der Rhön über Hann. Münden, wo Fulda und Werra zur Weser werden, und weiter bis Bad Karlshafen – der heutige Ausflug startet ziemlich genau auf der Hälfte der Strecke. Und was hier auf keinen Fall fehlen darf, ist ein schönes Picknick – denn dafür gibt's direkt am Ufer Tausende idealer Plätze.

Vom Bahnhof aus ist der Radweg über die Alte Fuldabrücke einfach zu erreichen. Es geht Richtung Norden: Den Abstecher in die

schöne Altstadt, deren Fachwerkfassaden einen schon im Vorbeifahren verzaubern, kann man sich ruhig bis nach der Tour aufheben. Erst mal geht's mitten rein ins Landschaftsidyll, das mit der renaturierten Fuldaaue in Rotenburg startet.

Bei Malsfeld, dem Tagesziel, sprechen direkt am Weg mehrere gute Argumente für genau diese Route. Eines davon: die Fahrradseilbahn. Hier kann man den Fluss einfach queren, ohne ihn lang zu umradeln, und damit ganz schön Zeit sparen. Was die Kraft angeht: Es ist wenigstens eine nette Abwechslung, das Gestrampel mal eben auf die Arme zu verlegen und kräftig zu kurbeln, um die Gondel von einer Seite des Ufers bis zur anderen zu bewegen. Auf der anderen Seite angekommen, ist das Ziel nicht mehr weit. Wer sein Picknick bis hierhin aufgespart hat, kann auch einfach noch bis zum Rückweg warten, denn beim Abstecher nach Malsfeld ist ein Stopp für ein kühles Bier eigentlich Pflicht.

Die Strecke des Fuldaradwegs folgt dem Verlauf, den ihr die Natur vorgibt, das heißt, dass es von schönen Fleckchen nur so wimmelt.

Hier gibt's seit 1870 Brauereitradition – und mit ihr das Hessische Löwenbier. Da kommt mit dem Bierbrunnen auch direkt die nächste Kuriosität ins Spiel. Den bekommt zu Gesicht, wer einen Führungstermin im Brauereimuseum (www.brauereimuseum-malsfeld.de) ergattert. Alternativ gibt's die Bierprobe im Restaurant des Landhotels Jägerhof (www.jaegerhof-malsfeld.de) oder eben aus der Flasche – zum Picknick passt die ja ohnehin am besten.

Deswegen wird nun auch schleunigst der Rückweg angetreten, auf dem an heißen Sommertagen eine Abkühlung im Naturbadesee direkt an der Strecke wartet. Dann geht's wieder ran an die Kurbel und spätestens beim nächsten schönen Fleckchen ab auf die Picknickdecke. Vor dem Bummel durch die herrlichen Fachwerkstraßen Rotenburgs ist die Stärkung selbst bei flacher Strecke dringend nötig.

FAZIT: ENTSPANNTE TOUR, ENTSPANNTE LANDSCHAFT, ENTSPANNTES PICKNICK!

Hin & weg: Bahn bis und ab Rotenburg an der Fulda. Wer sich den Rückweg sparen mag, nimmt die Bahn ab Malsfeld.

Beste Zeit: April–August.

Dauer & Strecke: 6 Std. inkl. gemütlichem Picknick. Reine Fahrzeit 3,5 Std., 50 km hin und zurück.

Ausrüstung: Fahrrad, Picknickdecke und Proviant. Eventuell Schwimmsachen für einen Besuch des Naturbads.

HERRLICH HOCH HINAUS

Auf dem Hochplateau des Hohen Meißner liegt einem nicht nur die echte Welt zu Füßen. Es gibt auch auch einen See, dessen Grund neben einer Quelle geheime Welten verstecken soll. Baden ist hier zwar nicht erlaubt, aber dafür taucht man einfach in die faszinierende Natur des hessischen Lieblingsbergs ein.

#unterSchäfchenwolken #Sommerwandern #Königsbesuch #halloFrauHolle

An vielen Punkten unweit des Kalbesees oder am Aussichtspunkt Schwalbenthal warten spektakuläre Panoramen.

An Orten, an denen dank ihrer Verbindung zu gewissen Märchengestalten der Schnee so eine große Rolle spielt wie im Gebirge des Hohen Meißner, könnte man manchmal glatt meinen, sie träten nur im Winter zum Vorschein. Dabei ist die Gegend zu jeder Jahreszeit ein echtes Highlight unter den Wanderregionen in Hessen. Eine der schönsten, aber auch anspruchsvollsten Routen ist der Premiumwanderweg P1, der kaum eine Besucherattraktion des Mittelgebirges auslässt und dabei ganz anschaulich auch abseits vom Winter das Märchen der Frau Holle erzählt.

Die Wanderung startet in direkter Nachbarschaft zu Naturfreundehaus und Berggasthof Hoher Meißner, wo es mehrere Wanderparkplätze gibt und auch Busse halten, die Wanderer zum Ausgangspunkt des Rundwegs bringen. Von hier startet der Weg in Richtung Süden, erst mal ein Stückchen abwärts zum Blocksteinmeer Seesteine. Wegen seiner tollen Aussichtspunkte wie dem Plateau am Schwalbenthal, spektakulären Basaltformationen, eindrucksvollen Seen sowie der langgezogenen Form, mit der er sich schon von Weitem von der restlichen Landschaft abhebt, galt der Hohe Meißner schon vor Jahrzehnten

---

Hin & weg: Mit dem Auto bis zum Wanderparkplatz am Naturfreundehaus. Bus bis Berggasthof Hoher Meißner z. B. ab Eschwege.

Beste Zeit: Immer. Wobei die Strecke in den Sommermonaten unter Schäfchenwolken am schönsten ist.

Dauer & Strecke: 5 Std., 14,7 km, 510 Hm.

Ausrüstung: Ausreichend Wasser und Proviant für viele Panorama-Pausen unterwegs.

---

als König der hessischen Berge – obwohl die Gipfel der Rhön und des Taunus ihn zumindest höhentechnisch locker überragen. An seiner zweithöchsten Stelle liegt mit dem Ausblick zum Kalbesee ein idealer Ort, um bei einer kleinen Pause die Aussicht auf den Bergbausee zu genießen.

Dann geht's aber endlich zum versprochenen Märchenort, ein Stückchen abseits des Wegs. Der Frau-Holle-Teich wird neben einem schmalen Zufluss aus westlicher Richtung auch von der Quelle des Godesborn gespeist, die direkt an seinem Grund liegt. Wobei man der Sage nach ja gar nicht von Grund sprechen darf, denn der Teich – so wurde sich schon vor Jahrhunderten erzählt – sei der unendlich tiefe Eingang zur märchenhaften Welt von Frau Holle, die spätestens die Brüder Grimm als Urheberin weißer Winterpracht weltberühmt machten. Kein Wunder, dass hier im Winter ganz in der Nähe einige der beliebtesten Loipen Hessens gespurt werden ... An Sommertagen wie diesem ist aber das einzige Weiß weit und breit das der Schäfchenwolken am strahlend blauen Sommerhimmel.

Hat man die Route des P1 von hier aus über den gemütlichen oder landschaftlich lohnenswerteren steilen Pfad zurück Richtung Kalbe wieder erreicht, geht es ganz nah ran an die höchste Stelle des Hochplateaus, die 753,6 Meter hohe Kasseler Kuppe, die versteckt im Wald liegt. Danach führt die Wanderung durchs herrliche Naturschutzgebiet wieder zurück in Richtung des Ausgangspunkts.

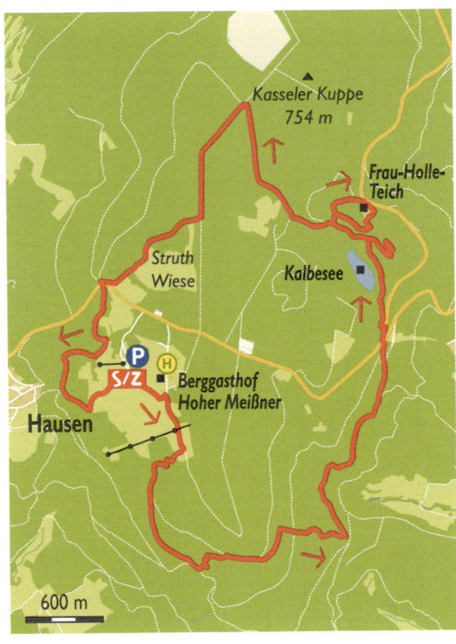

FAZIT: HIER VERSTECKEN SICH NICHT NUR MÄRCHEN IM WALD, SONDERN AUCH FASZINIERENDE NATURSCHAUSPIELE.

ANSICHTS-SACHE

… in Frankenberg (Eder)

#34

Wer einen Tag Sightseeing mit viel Natur verbinden will, der sucht sich als Ausflugsziel am besten eine Stadt wie Frankenberg aus. Hier warten nicht nur spannende Anekdoten aus der Stadtgeschichte, sondern auch ein nicht ganz unanstrengender Stadtwanderweg auf Neugieriege.

#Perspektivsprung #zehnTürme #BalkenundErker #bauenamHang

Details gibt es in Frankenberg so einige zu sehen: Man muss nur die richtigen Perspektiven finden.

Viele Stadtführungen vermitteln eine ganze Menge Wissen, geben Einblicke in die Stadt- und erzählen womöglich sogar einige Lebensgeschichten ihrer Bewohner … Aber wie das Leben sich anfühlt, wie die Stadt riecht, klingt und schmeckt, davon haben die Teilnehmer, auch nach stundenlangen Rundgängen, oft wenig mitbekommen. Schade eigentlich, dabei ist das doch oft das Spannendste am ganzen Ausflug.

Dass es dafür schon reichen kann, die richtigen Perspektiven zu finden, das beweist ein als Stadtwanderung konzipierter Rundgang durch das Städtchen Frankenberg, die »Frankenberger Blickwinkel«, der vorbeiführt an

Statt einer stattlichen Burg thront auf dem Berg heute immerhin die Liebfrauenkirche.

herrlicher Natur, jahrhundertealter Stadtgeschichte, grandiosen Ausblicken übers Ederbergland und eben allem, was das Leben im 21. Jahrhundert hier so ausmacht. Auf den ersten Blick sind das erst mal eine ganze Menge Stufen und Steigungen – ein Umstand, der einen auch gleich mitnimmt ins Mittelalter, als die Geschichte der heutigen Altstadt ihren Lauf nahm.

Bis auf ganz wenige Spuren, die wie das Steinhaus am Obermarkt den großen Stadtbrand von 1476 einigermaßen unbeschadet überstanden haben, stammt ein Großteil der gepflegten Fachwerkarchitektur, die die gesamte am Hang gelegene Altstadt prägt, aus der Zeit des 16. Jahrhunderts. Wer gegen Viertel vor zwölf oder Viertel vor vier hier aufschlägt, bekommt neben einer Menge fürs Auge auch noch Einblicke in den Klang der Stadt. Seit über 20 Jahren spielt zu diesen Uhrzeiten ein Glockenspiel vom zehntürmigen Rathaus, einem der Wahrzeichen Frankenbergs. Und wer samstagvormittags kommt, kann sogar in den historischen Hallen am Obermarkt beim Landfrauen-Wochenmarkt einkaufen und sich durch die regionalen Angebote probieren.

Aber erst mal heißt's sich die Eindrücke redlich zu verdienen. Die Tour startet nämlich unweit der Eder an der Uferstraße und damit ein ganzes Stück unterhalb der Stadt, zu der man zunächst mal bewundernd aufschauen kann. Ein erster Blick reicht für die Erkenntnis, dass bis hoch zum Turm der Liebfrauenkirche noch ein hübscher Anstieg wartet. Dafür sind die Ausblicke, einmal oben angekommen, aber fantastisch. Nach einem Stadtbummel, bei dem man für weitere Blickwinkel auch ruhig hier und da mal ein Stück von der Strecke ab-

Die zehn Türme des Rathauses stehen für zehn Zünfte, die im Mittelalter in Frankenberg angesiedelt waren.

kommen kann, geht's erst mal mit oder ohne Wochenmarkt im Rathaus wieder bergab und für eine Stärkung etwas abseits vom Wanderweg ins Restaurant des historischen Landguts Walkemühle (www.walkemuehle.de).

Ab hier warten dann die versprochenen Natureindrücke. Es geht zurück auf den Wanderweg und von hier direkt ans Nordufer der Eder. Wer mag, macht einen kurzen Abstecher in den Wildpark, der zum Abkürzen auf dem Weg liegt, aber auch leicht umgangen werden kann. Über den Ederhöhenweg am Goßberg kommt man noch mal in den Genuss herrlicher Aussichten auf Fluss und Stadt – somit wären die vielseitigen Perspektiven Frankenbergs endlich komplett. Da hat sich das Rauf und Runter doch mal wirklich gelohnt.

FAZIT: WO WANDERN UND STÄDTETRIP ZUSAMMENKOMMEN, ERÖFFNET SICH EIN GANZ NEUES AUSFLUGSGEFÜHL.

Hin & weg: Bahn nach Frankenberg (Eder). Einen großen Parkplatz gibt's an der Wehrweide direkt am Fluss.

Beste Zeit: Samstags zum Wochenmarkt. Die Tour ist bei jedem Wetter ein Erlebnis, aber bei Sonnenschein im Frühling oder Sommer macht sie dann doch am meisten Spaß.

Dauer & Strecke: Mindestens 5 Std. inkl. Pausen und Stadtbummel, 8,9 km, 150 Hm.

Ausrüstung: Platz im Rucksack für Einkäufe aus den hübschen Altstadtgeschäften oder vom Wochenmarkt.

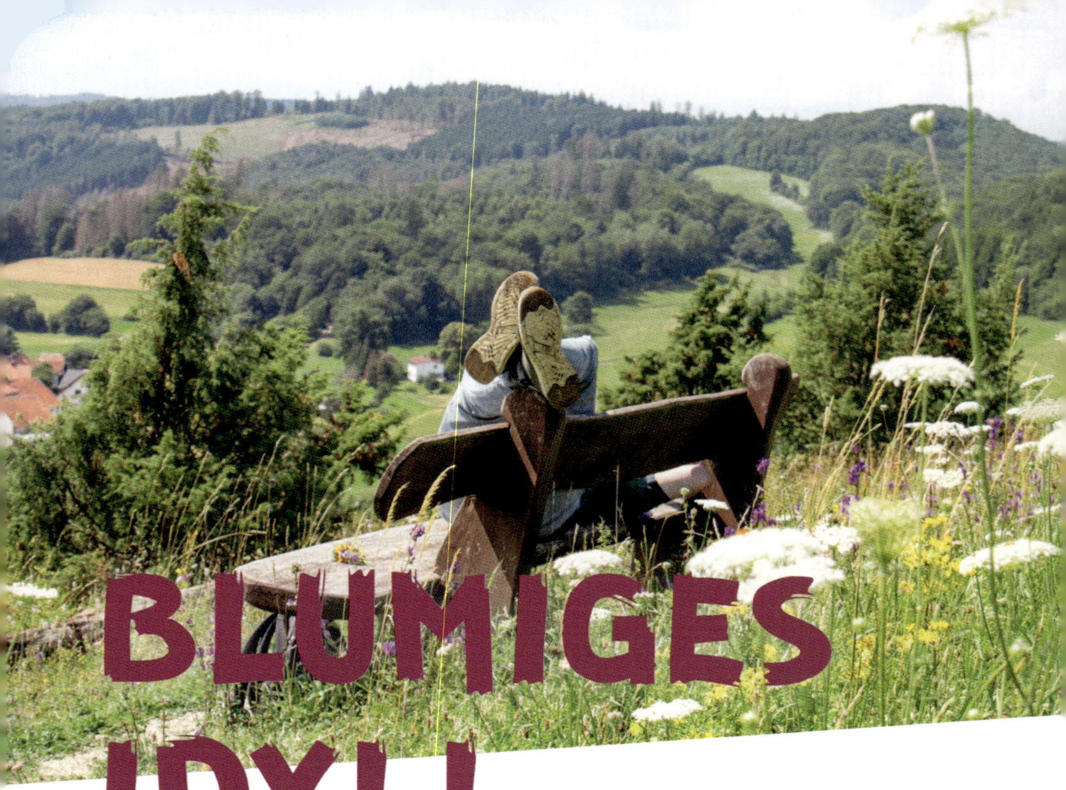

BLUMIGES IDYLL

... in Reichenbach

#35

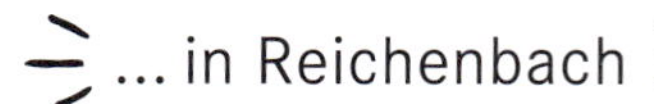

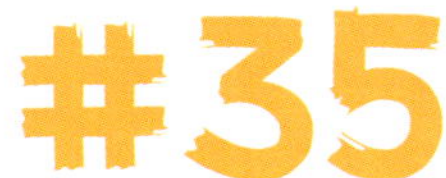

Wer sich rund um den Hessisch Lichtenauer Stadtteil Reichenbach auf Erkundungstour begibt, passiert saftig grüne Hügel und blühende Orchideen, historische Gemäuer und das Naturschutzgebiet der Reichenbacher Kalkberge. Und viele Orte, um alle naselang Pausen einzulegen.

#entschleunigen #Orchideensuche #siebenBergeundmehr #Blumenwiesen

Zeit für Entschleunigung: Den Weg und die Landschaft zu genießen ist alles, was auf dem P10 zählt.

Woran es wohl liegt, dass alles noch ein bisschen schöner, ein bisschen malerischer, ein bisschen spektakulärer wirkt, sobald man die Welt von oben betrachtet? Wenn man schnell mal einen Schritt zurücktritt, in die Beobachterrolle schlüpft und sich faszinieren lässt. Dazu die Geräusche der sommerlichen Natur, der Geruch von Blumenwiesen und Wald ... herrlich! Und auch wenn die Frage nach dem Warum ganz individuell zu beantworten ist: Dass es funktioniert, das beweist die Wanderung rund um Reichenbach eindrucksvoll. Einfach das Auto am Wanderparkplatz am Ortsrand abstellen, dann kann‘s auch schon losgehen.

Der geschichtsträchtige kleine Stadtteil von Hessisch Lichtenau, in dem heute nur ein paar Hundert Menschen wohnen, gibt Besuchern vom ersten Moment an das Gefühl von Landidyll. Die Wiesen und Wälder wirken grüner, die Blütenvielfalt bunter, die Luft frischer als anderswo – Urlaubsgefühle machen sich breit.

Bevor die eigentliche Wanderung startet, lohnt sich ein kleiner Abstecher in den Ort zur fast 900 Jahre alten Klosterkirche, an deren Seite ein kleiner Heilkräutergarten der weltberühmten Benediktinerin Hildegard von Bingen gewidmet ist. Die einzige Sehenswürdigkeit unterwegs sind Kirche und Garten aber noch lange nicht.

Drum geht's nun geradewegs auf die Wanderrunde in Richtung Osten und erst mal ganz schön knackig bergauf. Der Ort liegt einem schon nach wenigen Minuten zwischen bunten Blumenwiesen und hügeligen Landschaften zu Füßen, der Abstand lässt die Kapelle ganz klein aussehen. Hier ist auch gleich der perfekte Ort für eine Verschnauf- und Entschleunigungspause unterm Sommerhimmel – Genussmomente, die ist man hier der Landschaft einfach schuldig.

Das Naturschutzgebiet, das von hier an durch Wald und Wiesen führt, trägt seine Besonderheit bereits im Namen. Die kalkhaltigen Böden und Hänge prägen die Landschaft und auch den Bewuchs: Kalkmagerrasen, Kalkbuchenwälder und einige heimische Orchideenarten sind das Resultat. Also: Augen offen halten!

Fürs Bergfeeling unterwegs sorgen neben den vielen bunten Blumenwiesen, vor denen Orte wie Reichenbach wie Spielzeugdörfer liegen, auch Dolomitfelsen und sogar ein Gipfelkreuz, das den Aussichtspunkt am Wollstein markiert.

Frau Holle bestimmt im Gebiet im Nordosten Hessens Tourismus und Naturschutz – die perfekte Kombination.

Von hier aus geht's über den 583 Meter hohen Eisberg erneut zu historischen Gemäuern: Von der Burgruine Reichenbach ist noch ein Turm übrig geblieben, der heute bei Wanderern wegen seiner traumhaften Aussicht beliebt ist. Nichts wie rauf!

FAZIT: EINE TAGESWANDERUNG, DIE PROBLEMLOS EINEN TAG IN GRÖßEREN GEBIRGEN ERSETZT.

Hin & weg: Mit dem Auto zum Wanderparkplatz Drei Linden.

Beste Zeit: Wenn die Blumenwiesen ab Juli besonders bunt blühen.

Dauer & Strecke: 5 Std. mit ausgedehnter Picknickpause, 13 km, 375 Hm.

Ausrüstung: Picknick, Wasser und Sonnenschutz.

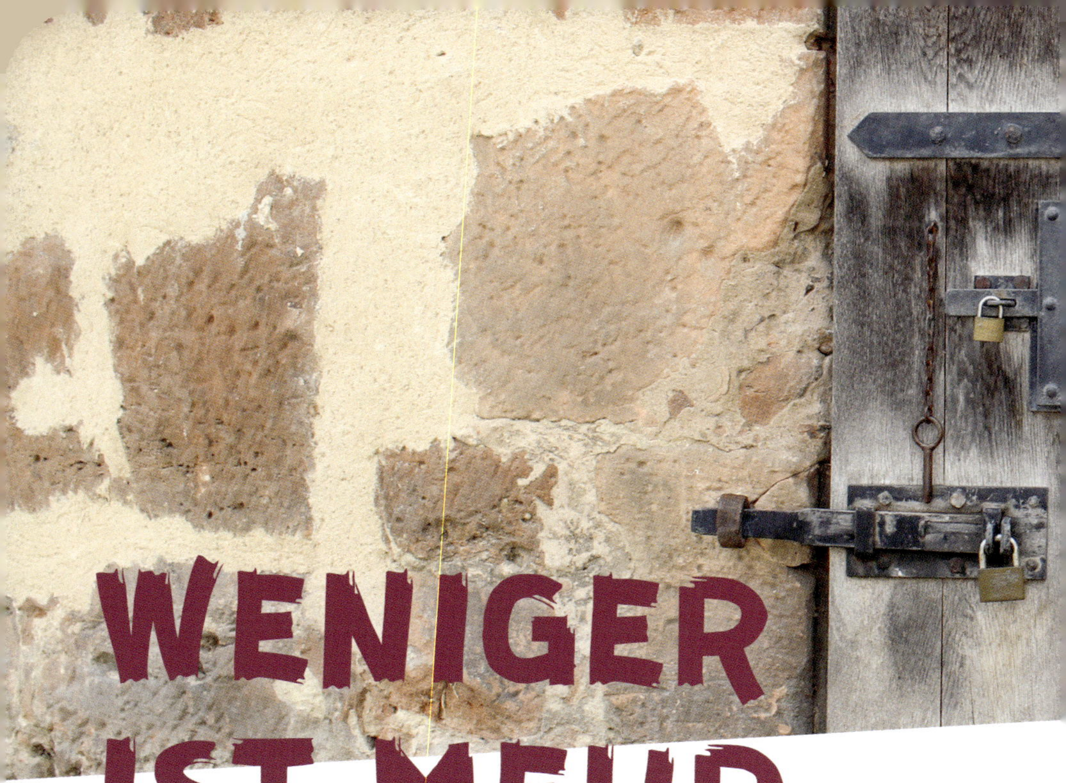

WENIGER IST MEHR

... in Schwalmstadt

#36

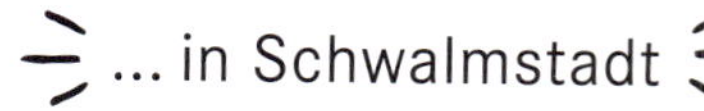

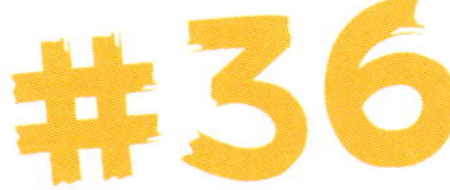

Der Jakobsweg verspricht jährlich Millionen von Pilgern Einkehr, innere Ruhe und eine Heimat im Glauben. Da klingt es fast verrückt, den Weg einfach nur zu nutzen, um von A nach B zu kommen. Idealer Ort, es doch zu tun: dort, wo der Pilgerweg die geschichtsträchtigen Hauptorte Schwalmstadts verbindet.

#Verbindungspilgern #Fachwerkliebe #wegweisend #FestungimWasser

Die Totenkirche in Treysa beweist's: Prächtiger Kirchenschmuck lenkt streng genommen nur von den eigentlichen Wow-Momenten ab.

Faszinierend, was so eine kleine Stadt wie Schwalmstadt alles erzählen kann: Geschichten von zu Unrecht als Hexen beschuldigten Frauen, jahrhundertealten Häusern, mächtigen Wasserfestungen und treuen Statthaltern. Und dann stellt sich noch die Frage, ob es Zufall sein kann, dass die typischen Trachten der Gegend ganz erstaunlich an ein Märchen erinnern, in dem ein Mädchen der Großmutter eigentlich nur mal eben Kuchen und Wein vorbeibringen wollte ...

Vor der Vielseitigkeit Schwalmstadts mit erstaunlichen Erzählungen, alten Bauwerken und herrlichen Ausblicken könnten selbst Orte, die richtig Wirbel um ihr historisches Erbe machen, neidisch werden. Der große Unterschied: Schwalmstadt gibt sich eher bescheiden, stellenweise auch fast ein wenig wie im Dornröschenschlaf – schafft damit aber auch die Chance, in eine historische Stadt einzutauchen, die nicht voller Touristenströme und perfekt rausgeputztem Fachwerkidyll ist. Man muss sich eben nicht verstellen, um zu beeindrucken. Los geht's am Bahnhof Treysa, den man bequem mit der Regionalbahn erreicht. Von hier läuft man zunächst ein Stück unterhalb der Stadt, vorbei an zahlreichen Märchenfiguren, bis zum Hexenturm. Der letzte der noch bestehenden

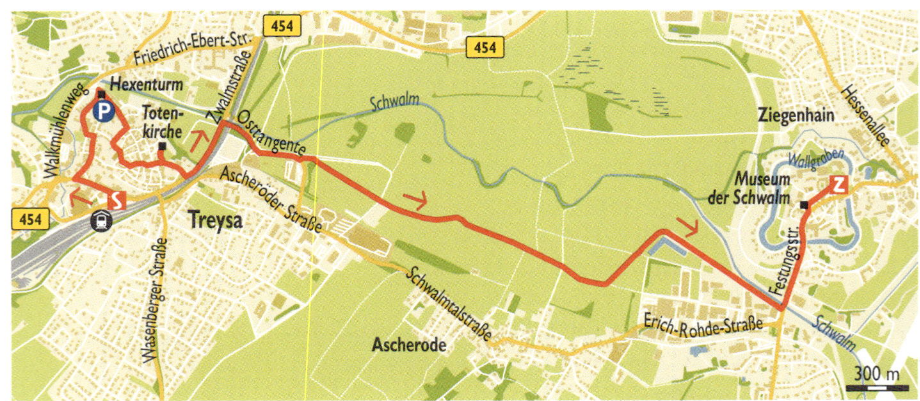

In Schwalmstadt sind es die Details, die Anekdoten der Stadt erzählen. Also: gut hinschauen und nichts verpassen.

Rundtürme der Treysaer Stadtbefestigung ist nach einer der Hexerei angeklagten Frau benannt, die hier gefangen gehalten wurde. Was aus ihr wohl geworden ist?

Von hier aus wandert man nun rauf in Richtung Innenstadt, vorbei an so viel geschichtsträchtigem Fachwerk, dass es von kuriosen Fundstücken und angebrachten Informationstafeln geradezu wimmelt. Die Hauptattraktion der Altstadt ist aber ohne Frage die faszinierende Ruine der 1265 fertiggestellten Totenkirche, die nach wenigen Hundert Jahren erst ausschließlich Begräbnisgottesdiensten gewidmet und dann komplett aufgegeben wurde. Von ihr übrig geblieben ist eine der interessantesten Formen, die ein Kirchenbau außer Dienst einnehmen kann. Im Sommer dient sie inzwischen als Ort für Open-Air-Kino und Konzerte und wird so endlich wieder mit Leben gefüllt.

Ab hier führt der Jakobsweg zur zweiten großen Station des Ausflugs: Die Wasserfestung Ziegenhain schützte seit Mitte des 16. Jahrhunderts den Landgrafensitz von Philipp I. Eine der bedeutendsten Personen hier war Festungskommandant Heinz von Lüder, von dem im Museum der Schwalm (www.museumderschwalm.de) oder bei historischen Stadtführungen eine Menge erzählt wird. Genau wie über die Tatsache, dass hier mit der Konfirmation einer der wichtigsten religiösen Kompromisse der Geschichte geschlossen wurde. Durch die Historie Ziegenhains kann man bei so viel Vielfalt problemlos noch ein wenig schlendern – genauso wie außen am Wallgraben entlang –, bevor es zurück zum Start und Ziel der Tour geht.

FAZIT: STATT ZUM RUNTERKOMMEN PILGERT MAN HIER VON ENTDECKUNG ZU ENTDECKUNG.

Hin & weg: Bahn bis Schwalmstadt-Treysa. Alternativ Auto z. B. am Hexenturm abstellen.

Beste Zeit: August–Oktober.

Dauer & Strecke: 5 Std.; reiner Laufweg 3,5 Std., 12,4 km für Hin- und Rückweg.

Ausrüstung: Je nach Wochentag und Zeit kann Proviant nicht schaden. Offene Gastronomien sind zeitweise rar.

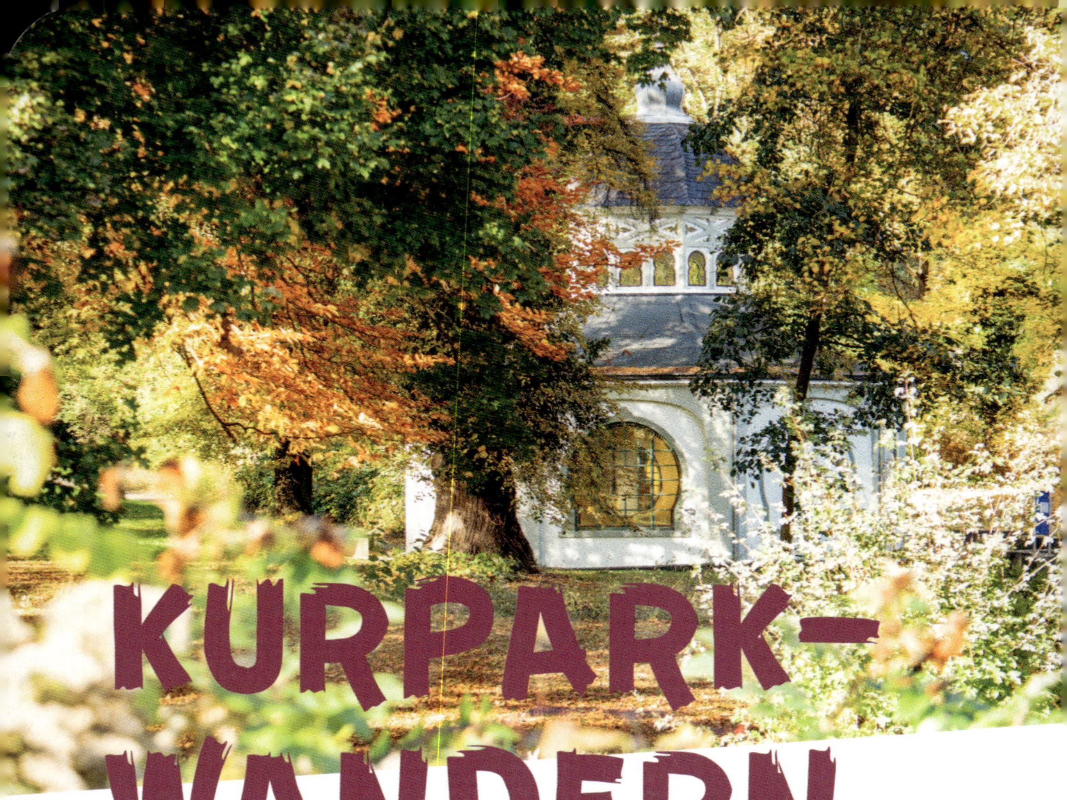

KURPARK-WANDERN

… in Bad Wildungen

#37

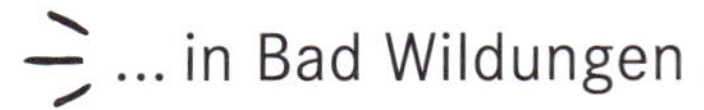

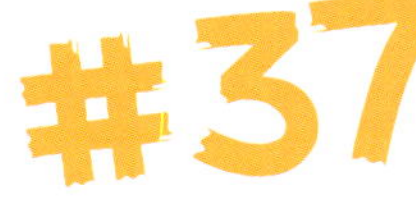

Eine Minibergtour, Spuren in die Märchenwelt und eine Einladung zum Wassertreten 2.0 – der Kurpark in Bad Wildungen hält so manche Überraschung parat. Kunststück, wenn einem in ganz Europa keiner weit und breit das Wasser reichen kann …

#ParkderSuperlative #Wassertreten #Märchenschloss #steilgehnimKurpark

Höher, schneller, weiter – der Trend geht ohne Frage immer mehr zum Superlativ, gerade wenn's um Erlebnisse geht. Wie da das altgediente Kurkonzept nur hinterherkommen soll? Am Rand des Kellerwalds hat man zumindest eine mögliche Antwort gefunden und mal eben den größten Kurpark Europas aus dem Ärmel geschüttelt. In einer Landschaft, für die man schon mal die Wanderschuhe schnüren kann …

50 Hektar Grün umfasst der Park, der zu einer der hessischen Landesgartenschauen aus ehemals zwei Kurparks entstanden ist und seither als einzigartig für Europa gilt – sechs Kilometer Wander- und Spazierwege führen mitten durch die Landschaft nur wenige Kilometer Luftlinie südlich des Edersees. Zu ihren Zielen gehören Aussichtspunkte in immerhin über 500 Metern Höhe – für die Lage so weit im Norden gar nicht mal wenig.

Der Rundweg, der das alles verbindet, startet am Bahnhof Bad Wildungen, der von Kassel und Wabern aus mit der Regionalbahn zu erreichen ist. Von hier bis zum ersten Fleckchen Park unweit von Schloss Friedrichstein ist es gar nicht weit, und wo die Natur so charmant als Wanderführer agiert, da lässt man sie am besten nicht mehr aus den Augen. Immer dem Bornebach nach geht's von hier stadtauswärts in Richtung Kuranlagen. Je weiter die Stadt hinter einem liegt, desto weiter öffnet sich der Kurpark dann auch in Richtung Landschaft. Und plötzlich gibt es da nur noch die Weite der hügeligen Natur. Und so geht's auch erst mal knackig bergauf auf den Wildunger Hausberg, der die höchste Stelle der Wanderung markiert. Der Ausblick und die anschließende Pause im Café Knusperhäuschen (www.knusperhaeuschen.de) etwas weiter nördlich unterhalb des Bilsteins sorgen aber dafür, dass sich die Kraftanstrengung gelohnt

Fürs Wassertreten im »Aqua Choros« lohnt es sich auch mal im Sommer vorbeizuschauen, aber dann würde man ja die Herbstfarben des Kellerwalds verpassen...

hat. Und ab hier wird's auch wirklich durch und durch gemütlich.

Für die letzte Station gibt's noch etwas Sightseeing, verbunden mit einem Tor Richtung Märchenwelt: Im Barockschloss Friedrichstein, das auf dem Schlossberg über Kur- und Quellanlagen thront, soll mit Margaretha von Waldeck womöglich das historische Vorbild Schneewittchens geboren sein, was auch die Nähe zum den sieben Zwergen gewidmeten Schneewittchendorf Bergfreiheit erklärt. Auf den Rückweg zum Bahnhof geht's vorbei an der Königsquelle, in deren Nähe vielleicht noch das extravagante Wassertret-Erlebnis im »Aqua Choros« mit Wasser statt Laub gefüllt ist. Auch hier setzt Bad Wildungen auf den Ruf nach Größerem und fährt statt einem langweiligen Becken eine Anlage auf, die (Achtung, Märchensprung!) direkt aus »Alice im Wunderland« stammen könnte. Den Erlebnistag in Europas größtem Kurpark rundet aber auch ein letzter Blick auf Schloss und Herbstfarben richtig schön ab.

Hin & weg: Regionalbahn oder Busse bis Bahnhof Bad Wildungen.

Beste Zeit: Ab September, wenn der Park langsam die Farben wechselt.

Dauer & Strecke: 7 Std. mit Pausen, 17,3 km, 396 Hm.

Ausrüstung: Zur Not eine extra Portion Stress aus der Woche, dann lohnt sich der Ausflug in den Kurpark umso mehr.

FAZIT: MIT EIN BISSCHEN KREATIVITÄT IST DAS MIT DEN SUPERLATIVEN EINFACHER ALS GEDACHT.

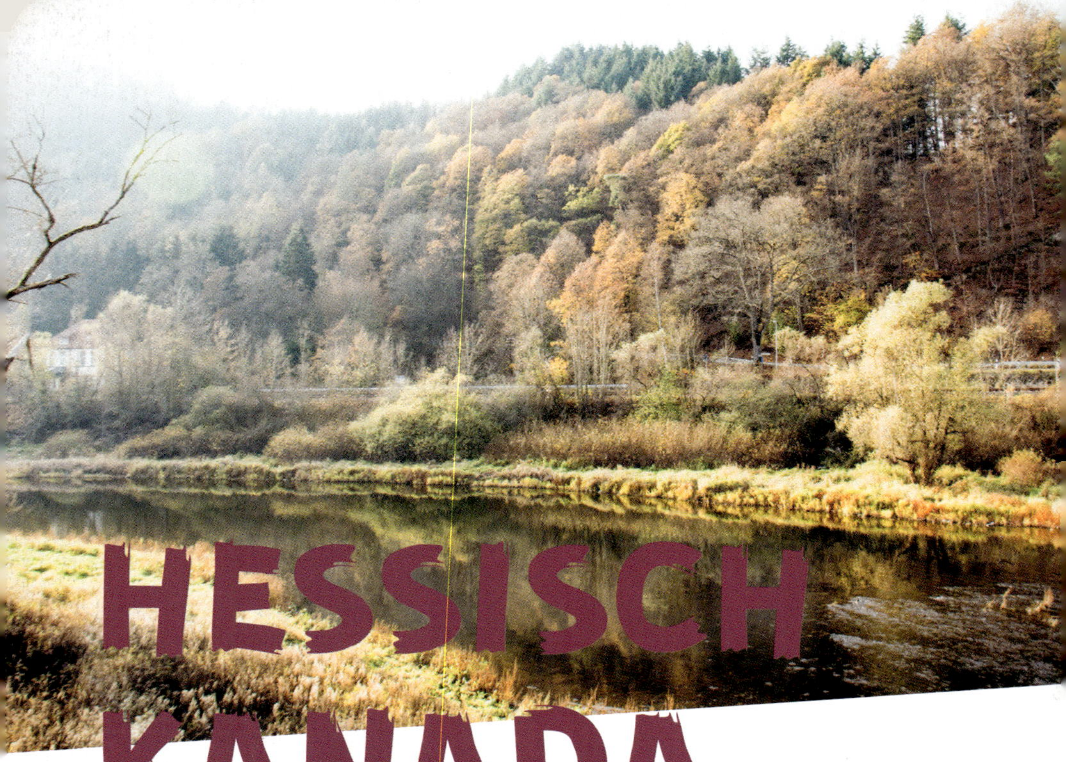

HESSISCH KANADA

… auf dem Urwaldsteig Kellerwald-Edersee

#38

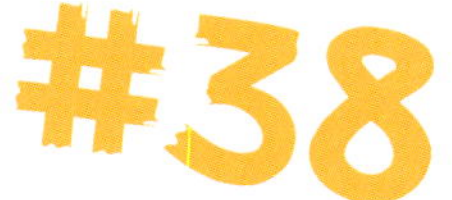

Unterwegs zwischen den bunten Herbstfarben des Nationalparks kommt einem das Wasser der Eder fast unnatürlich blau vor. Der Urwaldsteig führt südlich des Flusses durch goldene Wälder und in seinem Norden durch Landschaften, die sich nach Indian Summer anfühlen.

#UrwaldimHerbst #Farbensammeln #bunterWaldundblauesWasser

Herbst im Wald heißt, sich von den kleinen und großen Farbenspielen faszinieren zu lassen – vor allem im Nationalpark.

Wer sich ein paar Tage Zeit nimmt, um den Edersee zu umrunden, hat mit dem Urwaldsteig das große Los gezogen. Auf 68 Kilometern zeigt der Weg Wald- und Seenlandschaften des Nationalparks aus ihren schönsten Blickwinkeln. Für einen etwas kürzeren Schnelldurchgang der ganzen Pracht geht's auf die Eintagestour mit Start am Nationalparkzentrum ganz im Westen des Gebiets. Dafür wandert man erst mal ein Stück bergauf und durch den faszinierenden Herbstwald, der ganz ohne Worte erklärt, warum alle Welt von der goldenen Jahreszeit spricht. Ein Meer aus Orange- und Gelbtönen bedeckt den Waldboden. Dass einige Bäume schon so gut wie alle Blätter abgeworfen haben, fällt hier oben eigentlich gar nicht auf.

Was den Nationalpark Kellerwald-Edersee ausmacht, das bringt die Route, die sich schön langsam dem Wasser nähert, charmant auf den Punkt. Denn auch wenn der Mensch mit der Talsperre hier vor über 100 Jahren mal eingegriffen hat, gelten heute einzig und allein die Spielregeln der Wildnis. Natur einfach Natur sein lassen, das ist das Gebot, an das man sich seit Sommer 2011 halten muss. Und das merkt man nicht nur dem Wald, sondern auch der Flusslandschaft an. Noch ist die Eder, die im Ortsteil Herzhausen unweit des Nationalparkbahnhofs überquert wird, ein ganz normaler Fluss, der allerdings mit jeder einzelnen Perspektive darauf hinweist, dass bald etwas Großes passiert, der Wasserweg breiter und breiter wird und sich schließlich zum mächtigen See anstaut. Die Landschaft ringsum hat

Indian Summer trifft im Westen des Edersees das Gefühl, so richtig weit im Norden zu sein. Ein bisschen Fernweh macht der Wandertag so zumindest mit links wett.

neben dem stahlblauen Wasser etwas Nordisches – dass der Nationalpark wirklich in Hessen liegt, könnte man nach einiger Zeit, in der man dem Fluss an seinem nördlichen Ufer entlang gefolgt ist, fast vergessen.

Ob der Weg nun zum Rundweg wird oder man auf der Hälfte wieder kehrtmacht, entscheiden zwei Faktoren: der Zeitpunkt der Wanderung sowie der aktuelle Pegelstand des Edersees. Wenn beide günstig stehen, man also während des Fährbetriebs unterwegs ist und der Wasserstand bis 233,5 Meter beträgt, sollte die Fähre zwischen Asel und Asel-Süd schon zwischen den Ufern sichtbar sein. Dank ihr geht's auf der anderen Seite weiter mit Herbstwaldbildern, die aussehen wie gemalt. Wer umdrehen muss, bleibt eben weiter am Wasser und damit ganz nah dran an den Ausblicken, die der Wald sonst vor einem verstecken würde. Welche Variante es auch immer wird: Sie lohnt sich – versprochen!

FAZIT: MIT ODER OHNE FÄHRE – EINE DER SCHÖNSTEN STRECKEN AM GANZEN EDERSEE – AUCH WENN ER HIER STRENG GENOMMEN ERST LANGSAM ENTSTEHT.

Hin & weg: Bahn bis Nationalparkbahnhof. Von dort aus zu Fuß oder mit dem Bus weiter zum Nationalparkzentrum.

Beste Zeit: Wenn ab Ende September die Welt ein bisschen bunter wird. Fährbetrieb bis Mitte Oktober (www.edersee.com/lust-auf/wasser/faehren).

Dauer & Strecke: Rundweg mit Fähre 6 Std., 17,7 km, 290 Hm; Strecke bis Asel und zurück 5,5 Std., 17,6 km, 220 Hm.

Ausrüstung: Kleiner Proviant, wetterfeste Wanderkleidung und Lust auf Herbst.

STADT, PARK, KUNST

#39

Seit den 1950er-Jahren macht die documenta die Stadt alle fünf Jahre zum gigantischen Museum. Über die Spuren, die die Kunstschauen auf den Straßen und Plätzen Kassels hinterlassen haben, führt ein interaktiver Stadtspaziergang.

#dieStadtalsKunstwerk #AugefürDetails #schauaufsSmartphone

Borofskys »Man Walking to the Sky« trägt auch den Spitznamen Himmelsstürmer und hat übrigens ein weibliches Pendant. Das steht am Place des Halles in der Innenstadt von Straßburg.

Wo er nur hinwill, der Mann aus Fiberglas, der schnurstracks das Stahlrohr vor dem Kasseler Hauptbahnhof entlangbalanciert? Die Antwort gibt der Titel der Plastik des Bostoner Künstlers Jonathan Borofsky: »to the sky« - Richtung Himmel -, man soll sich ja Ziele setzen. Hier auf dem Vorplatz des Hauptbahnhofs mitten in der Kasseler Innenstadt beginnt einer der schönsten Stadtrundgänge, die man in Hessen unternehmen kann, denn so international, so vielseitig und so professionell sind innerstädtische Kunstwerke sonst kaum wo. Hintergrund ist - wie soll es in Kassel auch anders sein - die renommierte Kunstschau documenta. Ein gutes Dutzend Werke von Künstlern, etwa aus Dänemark, Österreich, Italien oder den USA, hat die Stadt inzwischen erworben oder vermacht bekommen. Auf ihren Spuren wandeln, das geht entweder ganz intuitiv und immer der Nase nach oder professionell angeleitet anhand von kostenlosen digitalen Smartphone-Führungen.

Die Audioguides der drei Kunstparcours (www.documenta-historie.de) führen entlang der Kunstwerke auf dem Friedrichsplatz, im Staatspark Karlsaue und in weiteren Winkeln der Innenstadt. Man kann die Touren aber

---

Hin & weg: Mit Bus und Bahn zum Hauptbahnhof Kassel.

Beste Zeit: Ganzjährig. Wenn sich ab November der Winter breitmacht, sorgt die Kunst für Farbakzente.

Dauer & Strecke: 4,5 Std. inkl. Pausen, um die Kunst zu bewundern.

Ausrüstung: Smartphone und Kopfhörer, evtl. Powerbank.

---

auch ganz gut miteinander verbinden und auf der Website zwischen den Führungen wechseln. Vom Bahnhof geht's über den Friedrichsplatz Richtung Fuldaufer und von dort nach einem großen Spaziergang durch den Staatspark über die Rosenhänge wieder zurück in die Innenstadt.

Unterwegs erfährt man eine Menge über die Kunstwerke, die Zeit ihrer Entstehung und die entsprechenden Hintergründe und Deutungsansätze und lernt dabei auch etliche Künstler kennen, deren Namen man vorher vielleicht noch nie gehört hat.

Der fraglos berühmteste Name in der Riege der stadtprägenden Künstler ist Joseph Beuys, dessen Werk man unterwegs am Friedrichsplatz gleich mehrfach passiert und dennoch glatt übersehen kann. Mit dem Projekt »7000 Eichen – Stadtverwaldung statt Stadtverwaltung« stieß er in Kassel eine Entwicklung an, die fast besser in die heutige Zeit passen würde als in die 80er-Jahre, als Beuys zur 7. documenta 1982 sage und schreibe 7000 steinerne Stelen auf dem Friedrichsplatz aufhäufen ließ. Über die nächsten fünf Jahre wurde jede dieser Stelen zu einem neu gepflanzten Baum im Stadtraum gesetzt – Eichen, Eschen, Platanen und Linden: Sie prägen das Bild Kassels noch heute. Wer von der Tour am Ende also noch nicht genug hat: Es gibt noch gut 7000 Kunstwerke mehr zu entdecken. Ihnen nach!

FAZIT: BOROFSKY UND BEUYS IM FREIEN – WER BRAUCHT DA NOCH EINEN MUSEUMSBESUCH?

ZUCKRIGE AUSSICHTEN

... in Marburg

#40

Perfekte Kombination an Wintertagen: massenweise Schnee und strahlend schöner Sonnenschein, der jede Flocke einzeln zum Glitzern bringt. Zeit für einen Ausflug nach Marburg, wo die Aussicht vom Schloss das Winterwunderland in ganzer Pracht präsentiert.

#Schlitterpartie #SchneeundEis #zurückindieKindheit #Märchenschloss

Die Plastik zum Märchen »Vom Fischer und seiner Frau« gehört zum Marburger Grimm-Dich-Pfad.

An eisigen Tagen nimmt man in Städten wie Marburg, wo es viel auf und ab geht, am besten die Treppen. Hier nämlich sorgen Geländer zum Festhalten dafür, dass der Aufstieg trotz dicker Eisschicht nicht zur Schlitterpartie wird, wie auf dem hügeligen Kopfsteinpflaster, wo sich Fußgänger bisweilen gerade noch in letzter Sekunde vor dem Sturz retten. Mancher würde vielleicht sagen, an Tagen wie diesen sollte man Städte wie Marburg meiden – dann würde man aber echt was verpassen!

Der große Vorteil der Stadt ist, dass ihr historischer Stadtkern, die Oberstadt, gute 50 Meter oberhalb der Kernstadt von Marburg liegt, und das Schloss noch mal 50 Meter höher. Dem perfekten Ausblick aufs Winterwunderland stehen also nur noch ein paar Hundert Stufen im Weg – wer abkürzen und weniger schlittern will, kann natürlich auch mit dem Oberstadt-Aufzug ein bisschen schummeln.

Doch zuerst geht's vom Bahnhof aus an der Lahn entlang vorbei an der Elisabethkirche, wo im Dezember auch ein Teil des Marburger Weihnachtsmarkts für Winterzauber sorgt. Von hier führt der Weg Richtung Oberstadt noch über den Alten Botanischen Garten der historischen Marburger Philipps-Universität. An der ältesten Uni in Hessen studierten schon die Gebrüder Grimm.

Um sich vom Wintereinbruch inspiriert zurück in die Kindheit zu träumen, gibt's kaum schönere Orte als den hübschen Park, wo große weiße Flächen perfekt sind für eine Schneeballschlacht. Spielverderber-Info vorweg: Das Spazierengehen auf dem Eis, das Schlittern, Schlittschuhlaufen und vergnügte Gekreische der Menschen, die man hier so trifft, ist streng genommen eigentlich verboten – aber kann man es ihnen bei der dicken Eisschicht unter der Wintersonne wirklich verübeln?

Jetzt geht's aber rauf in die Stadt, immer die angekündigten Treppen und Steigungen hi-

---

Hin & weg: Regionalbahn bis Marburg Bahnhof.

Beste Zeit: Jeder sonnige Wintertag ab Dezember.

Dauer & Strecke: Jede helle Minute ausnutzen. Die Entdeckungen reichen für mehr als einen Tag!

Ausrüstung: Schal, Mütze, Handschuhe. Und wintergeeignetes Schuhwerk.

Wenn die Sonne Schnee und Eis zum Glitzern bringt, ist der Tag für einen Stadtspaziergang rund um Schloss und Oberstadt absolut perfekt.

nauf, die sich für den Fußgänger sicher, gut gestreut und nicht ganz so spiegelglatt anfühlen. Direkt am Markt kann man passend zur klirrenden Kälte im schwedischen Restaurant Edlunds (www.edlunds.de) frühstücken, mittagessen oder sich einfach nur mit Tee oder Glögg aufwärmen, bevor die letzten Stufen zum großen Finale führen: dem Schloss mit seiner wunderbaren Aussicht über die Lahnberge. Wer hier oben noch eine Runde im Schlosspark dreht, könnte sich fast ärgern, dass er Sonnencreme und -brille zu Hause hat liegen lassen. An solchen Tagen könnte der Winter auch ewig dauern.

FAZIT: DIE SCHLITTERPARTIE WAR DER AUSBLICK VON OBEN ALLEMAL WERT.

3. KAPITEL – MINIURLAUB

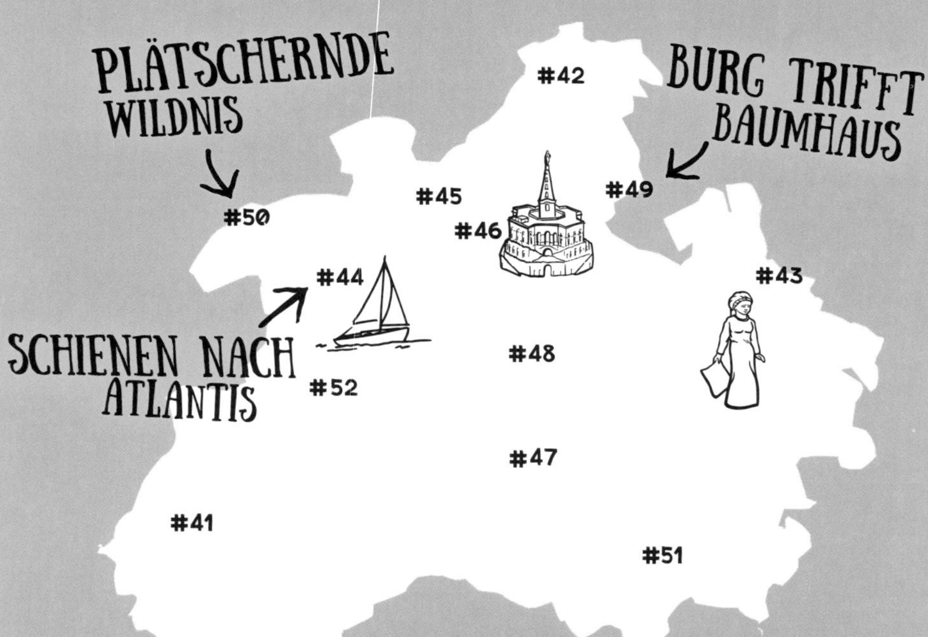

Ferien für ein Wochenende

Auf der Suche nach versunkenen Orten, ehemaligen Grenzgebieten oder den schönsten Wegen zur Weser – manchmal kann sich ein Wochenende ganz schön kurz anfühlen.

36H

IMMER IM WANDEL

... auf dem Lahnwanderweg ab Biedenkopf

#41

Der Natur – Wäldern, Wiesen, Hügeln und Flüssen – machen Ländergrenzen zum Glück ja generell eher wenig aus, und Wanderer können sie damit auch getrost ignorieren. Der Lahnwanderweg folgt dem Fluss von Hessen bis ins Quellgebiet in Nordrhein-Westfalen.

#GlitzernimWasser #verborgeneTempel #wennderWalderwacht

Beneidenswert, diese Menschen, denen die Lahn direkt durch den Vorgarten plätschert. Gerade jetzt, wo der Frühling erwacht. Die Bienchen haben sich an die Arbeit gemacht und sammeln fleißig Nektar, die ersten Blüten bringen Farbe in die Natur. Und die Lahn – als Hauptdarstellerin dieser Wanderung – funkelt in der Frühjahrssonne, als hätte sie sich für den Besuch extra rausgeputzt.

Der in Gänze 295 Kilometer lange Fernwanderweg startet flussaufwärts in Lahnstein südlich von Koblenz, wo die Lahn in den Rhein fließt, und folgt dem Fluss über Limburg, Wetzlar und Marburg bis zur Lahnquelle im Rothaargebirge bei Siegen. Der Einstieg in Biedenkopf liegt unweit des Bahnhofs, der von Marburg aus zu erreichen ist. Dass der Fluss sich auf dem Abschnitt zwischen Bieden-

kopf und Bad Laasphe stellenweise etwas rar macht, soll der hübschen Wanderstrecke durch Wälder und Hügellandschaften aber nichts ausmachen. Nach einem kurzen Stück direkt am Fluss entlang, wo man den Frühling schon zu spüren bekommt, geht's über einen kurzen Aufstieg direkt in den Wald, der stellenweise vom Frühlingserwachen noch nichts

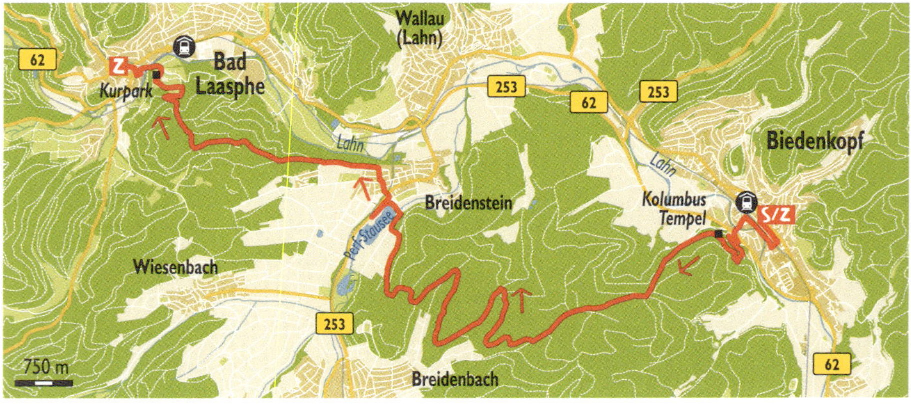

Der Frühling ist ein ganz schöner Spätzünder in der Region – umso wichtiger, jeden Sonnenstrahl einzeln zu genießen.

mitbekommen zu haben scheint. Den schönsten Ausblick auf die Stadt Biedenkopf, ihr Schloss und ihre Kirchtürme gibt's von einem ziemlich kuriosen Zwischenstopp, für den man auch mal für ein paar Hundert Meter den Weg verlassen kann. Der 1896 erbaute hölzerne Kolumbus-Tempel hält für einen kurzen Moment die Zeit an oder gibt sich zumindest alle Mühe, die Welt auf Zeitlupentempo zu verlangsamen. Genug gestaunt? Dann geht's jetzt weiter in Richtung der Landesgrenze zwischen Hessen und Nordrhein-Westfalen, die bis zum Ziel überquert werden muss.

Nach einem kurzen Wiedersehen mit der Lahn bei Breidenstein, wo es unweit eines hübschen Stausees ein nettes Plätzchen zum Pausemachen und Seelebaumelnlassen gibt, kommt man im Kurpark von Bad Laasphe wieder ganz nah ran an den Fluss, der der Tour ihren Namen gibt. Der ist inzwischen ganz schön verschlankt und glitzert und plätschert beim Zusammenfluss mit der Laasphe fröhlich vor sich hin. Zurück geht's nach einer Übernachtung in der Kurstadt am nächsten Tag entweder über denselben Weg oder mit der Bahn Richtung Marburg.

Wer aus der Route statt des Miniurlaubs eine etwas größere Wanderreise machen möchte: Vom Kurpark Bad Laasphe aus wandert man in zwei Tagesetappen auf 32 Kilometern (950 Hm, Laufzeit etwa 10 Std.) zur Quelle an der Schwelle zum südöstlichen Sauerland.

FAZIT: WAHNSINN, WIE SCHNELL SICH EIN FLUSS IM QUELLGEBIET WANDELN KANN.

Hin & weg: Regionalbahnlinie zwischen Marburg und Bad Laasphe.

Beste Zeit: Wenn ab Mitte März die Natur erwacht.

Dauer & Strecke: 2 Tage hin und zurück, 19 km, 580 Hm.

Ausrüstung: Bequeme Schuhe, Kleidung nach Zwiebelprinzip.

Wenn es Nacht wird: Hotel Wittgensteiner Hof, direkt an der Lahn (www.hotel-wittgensteinerhof.de).

UND JETZT ZUM MEER

… im Kanu auf der Diemel

#42 *Je näher die Weser kommt, desto besser kann man, zumindest mit etwas Fantasie, die Nordsee schon riechen. Mit dem Kanu geht's auf der Diemel flussabwärts gen Norden, eine perfekte Tour auch für Paddelneulinge. Nachts schläft man im Zelt oder – besonders kuschlig – im Heuhotel.*

#nahamWasser #verdienterMuskelkater #NachtimHeu #RichtungWeser

Es gibt wenige Sportarten mit so niedrigen Einsteigerhürden: Kanufahren kann wirklich jeder – worauf also warten?

Wenn die Arme vom vielen Paddeln langsam zu ziehen anfangen, könnte man fast für einen Moment vergessen, dass man stromabwärts unterwegs ist – und die Diemel dem motivierten Kanukapitän streng genommen eine ganze Menge Arbeit abnimmt. Immer im Flow sozusagen – ohne was dafür zu tun, wäre man hier aber ewig unterwegs.

Na, dann wird eben an den Muckis gearbeitet, die herrlichen Naturmomente und tollen Landschaftspanoramen sorgen immerhin dafür, dass sich die Kraftanstrengung auch lohnt. Der erste Anlaufpunkt ist der Kanuverleih des Hofguts Stammen, wo man auch direkt Leihkanus, Schwimmwesten und Transporttonnen fürs Gepäck in Empfang nimmt.

Neben Schwimmwesten, Paddel und Boot bekommt man hier auch das nötige Equipment, um trocken sein Gepäck zu befördern.

Das Team des Hofguts fährt die Kanuten dann samt den Booten flussaufwärts nach Liebenau, Lamerden oder Eberschütz – je nach Wunsch – und gibt direkt eine kleine Einweisung zur Strecke und mindestens einem Wehr, das unterwegs zum Aussteigen und Umtragen zwingt. Wieder zurück auf dem Wasser, paddelt man in nordöstlicher Richtung zurück zum Hofgut, das zugleich das Nachtlager darstellt. Geschlafen wird in einer der urigsten Unterkünfte, die Nordhessen zu bieten hat: im Heuhotel unterm Dach des hübsch renovierten Hofguts. Alternativ kann man aber auch ganz klassisch im Zelt auf dem Campingplatz in Stammen nächtigen.

Am nächsten Morgen geht's dann wieder an die Paddel. Das Ziel der zweiten Etappe liegt kurz vor der Wesermündung – im Bad Karlshafener Stadtteil Helmarshausen. Wer hier die ganze Strecke paddeln will, kann neben mindestens dreieinhalb Stunden Paddelzeit auch locker noch ein bisschen Puffer für Pausen einrechnen. Gestartet wird am bekannten hölzernen Steg des Hofguts und dann geht's ganz entspannt die Diemel entlang.

Am Wehr in Trendelburg muss erstmals an Tag 2 das Ufer angesteuert und das Boot am Wehr vorbeigetragen werden. In Wülmersen, nur wenige Meter vom hübschen Wasserschloss entfernt, dann dasselbe Spiel. Hier kann man erst mal Pause machen und direkt auf dem Schlossgelände im urigen Café Mehlschwalbe (www.mehlschwalbe-cafe.de) für eine Stärkung pausieren. Ab hier ist dann auch ein Anruf in Stammen obligatorisch. »Geht's weiter? Dann sehen wir uns in ein paar Stunden in Helmarshausen.« Eine Schande ist's aber auch nicht, wenn man sich hier schon abholen lässt, falls die Arme doch langsam schwer werden.

Wenn die Mitarbeiter des Kanuverleihs einen andernfalls an der Endstation wieder abgeholt oder Fahrräder zur Rückfahrt gebracht haben, geht's zum Abschluss wieder zurück zum Hofgut in Stammen, wo man auch kulinarisch versorgt wird. Und wer dann zu müde zur Heimreise ist, hängt einfach gleich noch eine Nacht dran.

Wenn links und rechts der Diemel die Natur den Ton angibt, glaubt man fast, man wäre allein auf der Welt.

FAZIT: MANCHMAL KÖNNTE MAN GLATT VERGESSEN, DASS DAS MEER NOCH HUNDERTE KILOMETER WEIT WEG IST.

Hin & weg: Mit dem Auto oder Rad zum Hofgut Stammen.

Beste Zeit: Ab April.

Dauer & Strecke: Am besten mindestens 2 Tage einplanen und übernachten. Reine Paddelstrecke von Eberschütz nach Stammen (Tag 1) 2 Std., 7 km; von Stammen nach Helmarshausen (Tag 2) 3,5 Std., 14 km.

Ausrüstung: Wetterfeste Kleidung, evtl. Zelt und Schlafsack.

Wenn es Nacht wird: Im Zelt auf dem Campingplatz des Hofguts (www.hofgut.de), oder noch gemütlicher: im Heuhotel unterm Dach.

GRENZ-GÄNGER

… am Grünen Band

Statt Stacheldraht, so weit das Auge reicht, hat sich an der ehemaligen Zonengrenze, die Deutschland über Jahrzehnte auseinanderriss, die Natur ein grünes Band zurückerobert. Zeit, um herrliche Landschaften zwischen Hessen und Thüringen mit einer Geschichtsstunde zu verbinden.

#GoodbyeStacheldraht #FreiheitzumAnfassen #KolonnenundGrenzer

Die Zeiten, in denen ein Besuch in Bad Sooden-Allendorf noch bedrücken konnte, sind gar nicht so lange her. Hier, direkt an der hessischen Landesgrenze, endete bis 1989 eine Welt - und eine andere begann. Egal auf welcher Seite der Grenze man stand. Dazwischen: ein Streifen Niemandsland. Nicht Osten, nicht Westen - aber unverkennbar feindselig. Knapp 1400 Kilometer durch ganz Deutschland ...

Der Streifen, der heute Grünes Band genannt wird, ist ein Symbol dafür, wie Länder und Menschen für eine gute Sache zusammenarbeiten können, wenn man sie denn lässt. Direkt nach der Wende startete hier auf dem ehemaligen Todesstreifen ein Naturschutzprojekt in beispiellosem Ausmaß. Der gesamte Bereich, von der Ostsee bis zur tschechischen Grenze, dient als Lebensraum für seltene Tier- und Pflanzenarten.

Wer heute Lust auf eine Geschichtsstunde hat, folgt von Bad Sooden-Allendorf aus am besten dem Kolonnenweg, den der Grenzschutz der DDR vor Jahrzehnten angelegt hatte, um die Grenze zu kontrollieren und befahrbar zu machen. Das Grüne Band verläuft direkt nebenan, sodass man die Natur immer im Blick hat.

Los geht's auf Höhe des Grenzmuseums Schifflersgrund, das sich nur wenige Hundert Meter von der Bushaltestelle Rockenroth entfernt an den alten Grenzposten befindet und eine Menge aus dem damaligen Alltag erzählt.

Auf dem Weg hierher erinnern Kunstwerke daran, dass die Wanderwege nicht nur faszinierende Naturerlebnisse schaffen, sondern es werden auch traurige Schicksale aus der Zeit der deutschen Teilung aufgegriffen.

Von hier aus wandert man über den Kolonnenweg Richtung Asbach-Sickenberg, immer den Beton-Lochplatten nach, die sein Markenzeichen sind. Vorbei an Hügeln und Klippen gelangt man in die Hessische Schweiz, wo dank des Grenzwegs ein Stück weit über den alten Grenzstreifen gewandert werden kann.

Wieder ein Stück Kolonnenweg, dann lohnt eine Pause an der Kapelle der Einheit südlich vom thüringischen Örtchen Döringsdorf. Ab hier bleibt man nach viel Hin und Her (die Freiheit will schließlich genossen werden) für den Rest der Strecke in Hessen und nimmt

Im Grenzmuseum gibt es Erinnerungen an die Zeit der deutschen Teilung zu sehen, der Grenzstein davor erinnert farbenfroh, dass diese Zeit Geschichte ist.

langsam wieder Kurs aufs Tal. Ziel der Tour ist das Fachwerkstädtchen Wanfried, wo es – statt den bisherigen gut 30 Jahren zur Wende – noch mal einen Zeitsprung um 300 Jahre gibt. Die Übernachtungsgelegenheit im hübschen Hotel Zum Schwan war schon 1690 eine Herberge …

Um das alles in einem Tag zu schaffen, müsste man aber wirklich im doppelten Sinn schwer an die Grenze gehen. Daher lohnt sich etwa auf halber Strecke ein kleiner Abstecher nach Meinhard-Hitzelrode. Etwas abseits der alten Grenze liegt hier das Naturhotel Hessische Schweiz, wo man sich nach den ersten gut 14 Kilometern mit frischer Bio-Küche stärken kann. Und so lässt sich das Grenzgänger-Dasein doch wirklich aushalten.

Hin & weg: Bus A ab Bad Sooden-Allendorf Bahnhof bis Rockenroth, zurück ab Wanfried Bahnhofsstraße mit dem Bus nach Eschwege und per Bahn nach Sooden.

Beste Zeit: April und Mai, bevor die Sommerhitze knallt.

Dauer & Strecke: 2 Wandertage. Reine Gehzeit 11,5 Std., 37,5 km, 1000 Hm.

Ausrüstung: Ausreichend Proviant und Wasser, eingelaufene Schuhe.

Wenn es Nacht wird: Die erste Nacht im Naturhotel in Hitzelrode (www.naturhotel.de), die zweite im Fachwerkhotel Zum Schwan (www.zum-schwan-wanfried.de).

FAZIT: FASZINIERENDES NATUREXPERIMENT AUF EINEM STREIFEN LAND, DESSEN GESCHICHTE EINEN UNTERWEGS OFT NACHDENKLICH MACHT.

AUF SPUREN-SUCHE

... am Edersee

#44

Mit versunkenen Orten und zurückgebauten Bahntrassen haben sich rund um den Edersee die Zeiten ganz schön gewandelt. Wer Detektiv spielen will, schnappt sich am besten das Rad und fängt dort an, wo die fehlenden Schienen eine der schönsten Radtouren Hessens ermöglichen.

#versunkeneOrte #Uferwege #übersViadukt #NachtimFass

→ MINIURLAUB …

Es gibt diese Momente in der Geschichte, in denen endet eine Ära mit einer bewussten Entscheidung … Und neue Dinge beginnen. Für die einen mit guten Folgen, für die anderen mit traurigen – ein bisschen Wehmut ist eigentlich immer dabei, aber auch Spannung, wie das nächste Kapitel wohl werden wird. Und wenn man aus der Zukunft auf diese Orte schaut, mit neugierigem Blick auf Spurensuche geht, dann hängen auch eine ganze Menge Mysterien in der Luft. Bereit, sie zu entdecken?

Fast vergessene Spuren, davon gibt es gerade rund um den Edersee genügend, weswegen hier auch der beste Ort ist, ins Detektivgeschäft einzusteigen. Los geht's etwas nördlich des Stausees in Korbach, wo mit dem Ederseebahn-Radweg eine der schönsten Routen der Region beginnt. Womit auch schon Mysterium Nummer 1 ins Spiel kommt: Was ist eigentlich mit den Schienen passiert?

Die Bahnstrecke der Anfang des 20. Jahrhunderts eröffneten Ederseebahn zwischen Korbach und Bad Wildungen ist seit den 1990er-Jahren stillgelegt, die Schienen zurückgebaut. Da ihre Infrastruktur mit Viadukten, Tunneln und Brücken allerdings ideal war, um die hügelige Landschaft zu durchqueren, hat man kurzerhand einen Radweg daraus gemacht, den man auch herrlich mit Inlineskates befahren kann.

In Sachen verlorene Orte lohnt es sich kurz vor dem Ziel des Radwegs in Buhlen vom Weg abzukommen und die Strecke bei Netze Richtung Edersee zu verlassen. Der See ist im Frühjahr relativ gut darin, seine eigenen Geheimnisse zu verbergen: die versunkenen Orte, die dem in der Kaiserzeit angelegten flächenmäßig zweitgrößten Stausee Deutschlands weichen mussten. Sichtbar werden die ersten von ihnen oft nach trockenen Sommern im Spätsommer oder Herbst, bei einem Seepegel von unter 231 Metern.

Dass man die Orte trotzdem erlebt, dafür sorgt die Smartphone-App Edersee Atlantis, die einen über Virtual-Reality-Animationen mitnimmt, etwa zur Dorfstelle Berich, deren Ruinen noch immer unter Wasser liegen. Dazu müssen die Informationsstelen am Ufer an-

Manche Sehenswürdigkeiten des Edersees bekommt man nur per App zu Gesicht, während andere – wie der Blick über den See auf Schloss Waldeck – einen begleiten.

gefahren und eingescannt werden – und die Mini-Zeitreise kann beginnen.

Bei so viel Detektivarbeit kann man dann aber allmählich an den entspannten Tagesausklang denken. Nach einem Stück Genussradeln am See entlang geht es erst mal für eine Stärkung ans gegenüberliegende Ufer ins Restaurant Fischerhütte (www.fischerhuette-edersee.de) und von hier aus in die gemütliche Unterkunft für die Nacht, das Fassmotel unweit des Affolderner Sees südlich der Edertalsperre. Zwischen Holz und karierten Bettdecken kann man sich hier noch mal ganz entspannt an die entdeckten Orte träumen. Am nächsten Morgen gibt's frisch gebrühten Kaffee und leckeres Frühstück, ehe man sich in aller Ruhe wieder auf den Drahtesel schwingt und auf direktem Weg – diesmal ohne Abstecher zum Stausee – zurück nach Korbach radelt.

Hin & weg: Bahnhof Korbach-Süd.

Beste Zeit: April–Juni.

Dauer & Strecke: 2 Tage. Fahrzeit über Dorfstelle Berich: 4 Std., 45,4 km. Bahnradweg ab Affoldern: 2,5 Std., 29,2 km.

Ausrüstung: App Edersee Atlantis auf dem Smartphone.

Wenn es Nacht wird: Fassmotel in Edertal-Affoldern (www.fassmotel.de).

FAZIT: AUCH WENN DIE GEHEIMNISSE DES EDERSEES NICHT MEHR GANZ IM VERBORGENEN LIEGEN: IHREN SPUREN ZU FOLGEN SCHAFFT GÄNSEHAUTMOMENTE.

IM REICH DES HABICHTS

Mithilfe von Weitsicht und Wildblumenwiesen schafft der Mittelgebirgszug des Hohen Habichtswalds im Norden von Kassel einen herrlichen Ausgangspunkt für ein Wochenende mit Bergwander-Feeling. Also Wanderschuhe geschnürt und nichts wie raus in die Natur – der Habicht wartet!

#StadtinSicht #AlpenpfadzumBergsee #Naturparkliebe #geflügelteBegleiter

Unweit der Löwenburg lohnt sich auch ein Abstecher in ein Labyrinth.

Allein ist, wer im Naturpark Habichtswald wandert, eigentlich nie. Auf den Wiesen ein Gesumme, in der Luft der Habicht, der majestätisch seine Kreise zieht. Und andere Menschen, die die Natur lieben, die lockt das Gebiet vielerorts auch an ... kein Wunder, wenn so viel Vielfalt in nur wenigen Stunden ansteht.

Eine Etappe, die ganz genüsslich und doch herausfordernd durch den Naturpark Habichtswald führt, verläuft über die finalen Kilometer des Kasselsteigs in den Westen der größten Stadt Nordhessens und von dort in die eher versteckten Winkel des UNESCO-Weltkulturerbes Bergpark Wilhelmshöhe. Gestartet wird am Alpenpfad am Nordhang des Kleinen Dörnbergs, der vom Bahnhof Zierenberg oder sogar direkt mit dem Bus zu erreichen ist. Bergauf geht's ab hier heute noch genug. Versprochen!

Die Strecke führt unweit vom Naturparkzentrum Habichtswald über die Kuppe des Helfensteins und den Gipfel des Hohen Dörnbergs, vorbei an den Spuren der vor weit über 1000 Jahren errichteten Igelsburg und durch die herrliche Natur des Habichtswalds. Dessen Ende markiert das Kasseler Wahrzeichen schlechthin: die Herkulesfigur an der Spitze des Bergparks Wilhelmshöhe. Hier angekommen, geht es etwas abseits der Menschenmengen, die den Park an schönen Tagen vor allem für seine spektakulären Wasserspiele stürmen, in die waldigen Abschnitte des Parks und vorbei an der Löwenburg über schmale, teils steile Pfade zum abgelegenen Bergsee Asch. Hier lässt einen die Wildnis der Natur ganz vergessen, dass auch dieser See als Teil des Parks irgendwann mal angelegt werden musste.

Ganz in der Nähe liegt auch die Unterkunft fürs Wochenende, ein kleines modern ausgestattetes Hotel im Tal der Drusel, das man dank italienischem Restaurant und Terrasse hinterm Haus eigentlich gar nicht mehr groß verlassen muss. Außer vielleicht, um direkt nach Sonnenaufgang am nächsten Morgen noch mal einen Abstecher zum Herkules zu machen. Wenn die Stadt noch im Dunst des Morgens ganz weit weg erscheint und man den Bergpark als Frühaufsteher fast für sich allein hat, endet der Ausflug so, wie er begonnen hat: mit dem Gefühl, Bergen und Natur ganz nah zu sein und alle Zeit der Welt für Abenteuer zu haben.

Der frühe Morgen, wenn der Bergpark noch ganz leer und still ist, ist die beste Zeit, um in aller Ruhe auf Erkundungstour zu gehen.

FAZIT: WEN WUNDERT'S, DASS DER HABICHT AUSGERECHNET HIER SEIN QUARTIER AUFGESCHLAGEN HAT?

Hin & weg: Bus 110 bis Zierenberg/Alpenpfad, zum Beispiel ab Bahnhof Wilhelmshöhe. Zurück geht's mit Bus und Straßenbahn ab der Haltestelle Alte Drusel.

Beste Zeit: Juni–Oktober.

Dauer & Strecke: 2 Tage. Reine Gehzeit 5,5 Std., 17,6 km, 445 Hm.

Ausrüstung: Fernglas zur Habichtbeobachtung, Proviant, Sonnenschutz, gute Schuhe.

Wenn es Nacht wird: Das schön und modern ausgestattete Mountain Park Hotel (www.mountain-parkhotel.com) liegt direkt an einem Ausgang des Bergparks.

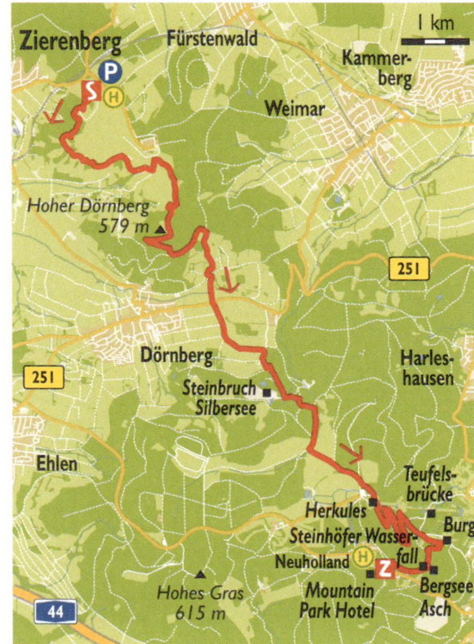

DREI-FLÜSSETOUR

... von Kassel nach Hann. Münden

#46

Schon vor Jahrhunderten herrschte auf und an den Wasserstraßen Nordhessens ein reges Treiben. Heute ziehen sie vor allem Menschen an, die auf der Suche nach Ruhe und tollen Landschaften sind. Und die gibt's unterwegs nach Hann. Münden en masse.

#reiffürdieInsel #MiniGoldenGateBridge #Fachwerkparadies #widewidewitbumbum

→ MINIURLAUB ...

Wer im Herzen Deutschlands nach Radel-Langstrecken sucht, den zieht es fast automatisch ans Wasser. Im Süden Hessens ist's der Main, im Westen der Rhein, in der Mitte die Lahn, und im Norden und Osten sind es eben Werra, Weser und Fulda. Fürs Triple gibt's nur ein Ziel, und das ist Hann. Münden.

Hannoversch Münden, wie die Dreiflüssestadt in voller Silbenlänge heißt, liegt bereits in Niedersachsen, gerade einmal wenige Kilometer hinter den Grenzen Hessens. Die Stadt ist bekannt für schmuckes Fachwerk, für das Ableben des viel besungenen Doktor Eisenbarth und die angeblich beste Bratwurst Europas. Damit wirbt zumindest die Metzgerei Schumann (www.schumann-feinkost.de) in der Innenstadt. Wer probieren will, ob's stimmt, steigt in Kassel aufs Rad, überquert die historische Drahtbrücke über die Fulda und ist schon auf dem richtigen Kurs. Von hier führt der Fuldaradweg vorbei an Naturschutzgebieten, Badestellen und Schleusenanlagen direkt nach Hann. Münden.

Damit ist die Fulda aber nicht allein, denn neben ihr kommt auch die Werra aus südöstlicher Richtung auf die Stadt zugeflossen. Wer auch ihr noch ein Stück folgen will, verlässt im Süden der Stadt die Strecke und fährt einen

Der blaue Fußgängersteg über die Fulda stammt noch aus dem 19. Jahrhundert und hatte spätestens seit den ersten Gesprächen über eine dringende Sanierung vor einigen Jahren eine große Fanbase in der Stadt.

kleinen Schlenker Richtung Werraradweg – es soll sich ja niemand vernachlässigt fühlen.

Hier nimmt man dann aber endgültig Kurs auf die Stelle, die die Stadt zum Publikumsmagneten macht – den Geburtsort der Weser am Zusammenfluss von Werra und Fulda an der Nordspitze der Flussinsel Tanzwerder. Die 1000 Gesichter, die beide Flüsse in ihrem Verlauf in Hessen gezeigt haben – erhabene

Dem Zusammenfluss von Fulda und Werra zur Weser wurde gleich mit zwei Steinen ein Denkmal gesetzt.

Seen, grüne Auenlandschaften, historische Innenstädte – vereinen sich hier in einem Ausdruck: der Sehnsucht nach Weite, dem Drang nach Meer.

Den Zusammenfluss markieren nicht nur die Nordspitze des Tanzwerder selbst (wo man beispielsweise seine unterwegs eingeholte Preis-Bratwurst testen kann), sondern auch gleich zwei Wesersteine wenige Meter vom Wasser entfernt. Für herrliche Aussichtspunkte aufs Wasser bleibt das Fahrrad hier stehen – es geht die Treppe hinauf auf die Blaue Hängebrücke über die Fulda, die mit ein bisschen Fantasie einen kleinen Hauch Golden Gate Bridge verströmt. In winzig eben, aber das macht sie ja so charmant.

Und wenn man von Denkmälern noch nicht genug hat, geht's über Nacht ins Fachwerkhotel Eisenbart direkt in der Altstadt. Das historische Haus besteht aus insgesamt fünf jahrhundertealten Fachwerkbauten. Benannt wurde es nach dem berühmten Doktor Eisenbarth (dem mit dem Widewidewittbumbum-Lied), der 1727 in Hann. Münden starb und heute als eine der bekanntesten Persönlichkeiten der Stadt gilt. Kunststück, wenn man schon ein eigenes Trinklied getextet bekommt... Praktisch an der Lage des Hotels: Am nächsten Morgen kann man herrlich entspannt in die Straßen und Gässchen der historischen Altstadt abtauchen – und ganz in der Nähe des stattlichen Welfenschlosses ist man hier auch.

FAZIT: EINE INSELAUSZEIT DER VÖLLIG ANDEREN ART.

Hin & weg: Hin über Hauptbahnhof Kassel. Zurück nimmt man wieder den Fuldaradweg oder die Regionalbahn ab Hann. Münden.

Beste Zeit: April–Juli.

Dauer & Strecke: Ein Wochenende. Fahrzeit einfach 3 Std., 42 km.

Ausrüstung: Eventuell Badesachen für die Badestellen unterwegs, Proviant.

Wenn es Nacht wird: Fachwerkhotel Eisenbart (www.fachwerkhotel.com).

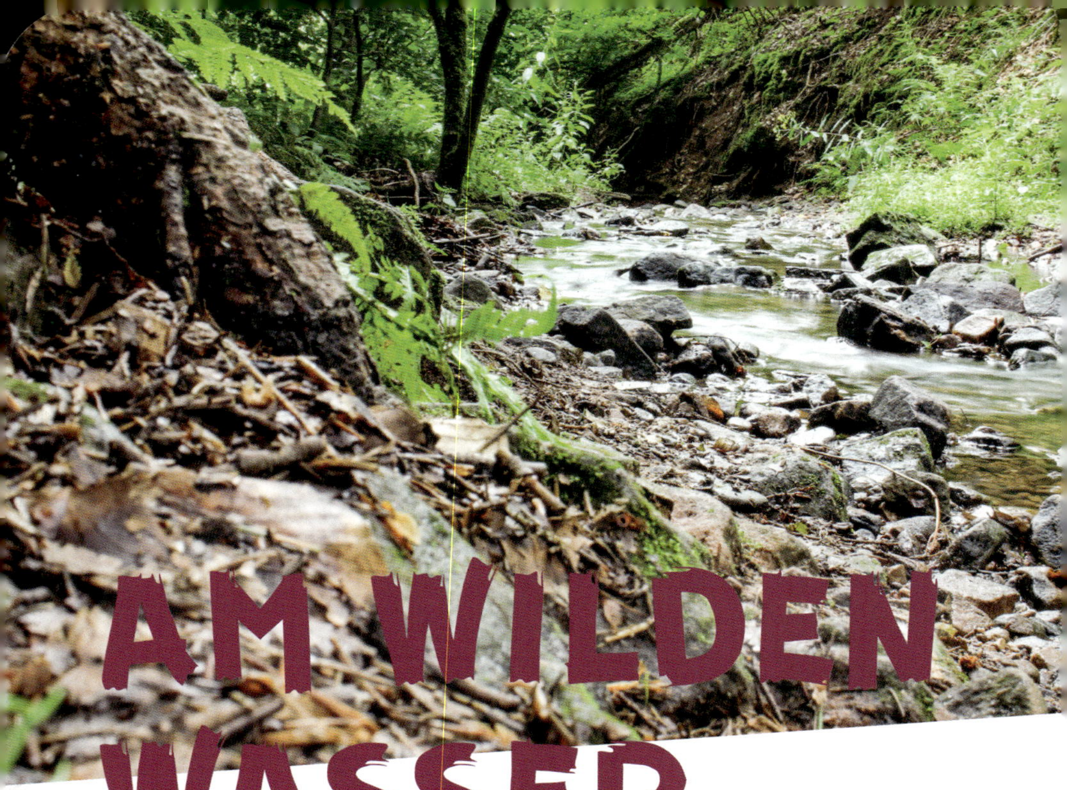

AM WILDEN WASSER

... im Knüllwald

#47

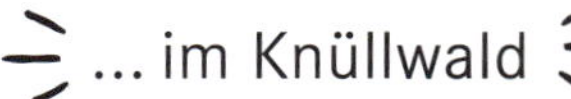

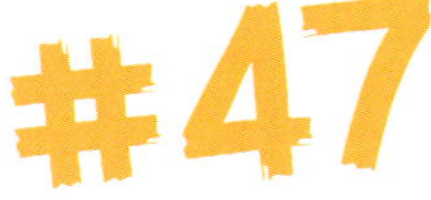

Wer ein Wochenende im Knüllwald verbringt, findet in Wallenstein einen idealen Ausgangsort mit Naturbad, historischer Burg und einer der schönsten Wildbachschluchten Hessens. Die lockt zwar nicht mit mächtigen Felsen und hohen Kaskaden, dafür mit einer märchenhaften Stimmung.

#demWasserfolgen #historischeBurgen #StilledesWaldes #Brückenlabyrinth

→ Miniurlaub …

Dass man hier tatsächlich Höhenmeter zurücklegt, daran erinnert einen nur der Bach, der fröhlich vor sich hin ins Tal plätschert.

Einfach über die erste Brücke in den Wald und damit rein in die Klamm, und schon ist man mittendrin im Abenteuer Wildnis. Auch wenn die Lochbachklamm – dafür sorgen schon die geografischen Besonderheiten des Knüllwalds im Vergleich zu den Alpen – mit den berühmten Schluchten an Partnach und Almbach im Süden Deutschlands nicht mithalten kann. Das Schöne daran ist: Das muss sie auch nicht, denn für Urwaldgefühle braucht es weder riesige Felsen noch ohrenbetäubendes Rauschen …

Hier sorgt allein das tiefe Grün des Waldes, durch den immer wieder freche Sonnenstrahlen dringen, für eine verzauberte Stimmung. Und die lässt einen herrlich zur Ruhe kommen, während man über ein Labyrinth aus Brücken die Klamm durchstreift. Der Lochbach, der sich über Tausende Jahre mehr und mehr durch den Sandstein gearbeitet hat, zeigt, dass selbst die Kleineren so ziemlich alles schaffen können, wenn sie nur dranbleiben. Am Ende des gut 1,5 Kilometer langen Abschnitts durch die Klamm geht es dann über aussichtsreiche Wiesenwege, in deren Umgebung wilde Orchideen wachsen, durch die Landschaft am Rande des Knüllwalds, bis man schließlich wieder am Ausgangspunkt in Wallenstein landet. Was übrigens außer dem Namen rein gar nichts mit Schillers berühmtem Wallenstein zu tun hat, obwohl im gesamten deutschsprachigen Raum nur genau ein einziger Ort so heißt – genau hier im Knüllwald.

Vielleicht nicht so spektakulär wie reißende Wildbäche, aber umso eindrucksvoller, wie sich der plätschernde Bach über die Jahre sein Bett gegraben hat.

Geschichtsträchtig ist die Ruine von Burg Wallenstein, an der mit dem Schlossbrunnenweg ebenfalls ein schöner Wanderweg entlangführt, trotzdem. Der Name Wallenstein, der auch von den Burgbewohnern teils angenommen wurde, leitet sich wohl vom Mittelhochdeutschen »Waldinsteyn« ab. Wie bildliche Sprache doch einfach immer wieder den Nagel auf den Kopf treffen kann.

Hin & weg: Mit dem Auto nach Wallenstein. Ab Homberg (Efze) fahren auch Bus und Anrufsammeltaxis.

Beste Zeit: Nach den Sommerferien, dann hat man Wanderweg und Bad wieder gefühlt fast für sich allein.

Dauer & Strecke: Ein Wochenende. Lochbachpfad 2,5 Std., 8,4 km, 171 Hm; Schlossbrunnenweg 1,5 Std., 4,7 km, 112 Hm.

Ausrüstung: Bequeme Schuhe, Badesachen, evtl. Campingausrüstung.

Wenn es Nacht wird: Landhotel Zinn oder Campingplatz am Fuße der Burg (beide www.burg-wallenstein.de).

Am Fuße der Burgruine befindet sich heute neben einem Campingplatz und dem kreativen Restaurant Strandbad No. 1 (www.burg-wallenstein.de) auch ein hübsches Naturbad, das an schönen Tagen der beste Platz der Region ist, um sich nach dem Wandern ins kühle Nass zu stürzen. Geöffnet ist hier für ganz Abgebrühte bis Ende Oktober.

FAZIT: FÜR FASZINATION BRAUCHT'S NICHT IMMER SUPERLATIVE.

SCHLEIFEN ZIEHEN

... an der Fuldaschleife Guxhagen

Noch ein bisschen Wasser im Norden und die Siedlung Büchenwerra könnte als Insel durchgehen. Wer der Fulda ganz nah kommen mag, quartiert sich für einen Kurzurlaub ganz im Süden der »Landzunge« auf dem Campingplatz Fuldaschleife ein und erkundet von dort die Umgebung.

#laufenradelnpaddeln #Ortsgeschichteerwandern #Inselfeeling #morgensimZelt

Wenn man am Morgen nach dem Aufwachen im Zelt erwacht und den Reißverschluss aufzieht, die ersten Sonnenstrahlen hereinfallen und der Tag auf dem Campingplatz im Süden Guxhagens beginnt, gibt's keine schönere Aussicht als die Fulda direkt vor der Nase. Ganz ruhig fließt das Wasser an der Stelle, wo sich das Flussbett s-förmig in zwei langgezogenen Schleifen durch die Landschaft schlängelt – ganz so, als hätte das Wasser einfach irgendwann entschieden, dass die Gegend zu hübsch ist, um sie nur ein einziges Mal zu durchqueren ...

Was die Sache mit der Richtung angeht, macht die Fulda das ohne Frage absolut richtig. Mal hierhin, mal dorthin, immer der Nase nach – immer nur kerzengerade strikt aufs Ziel zu, wäre ja auch langweilig!

Neben den Schleifen sind wie hier in Büchenwerra, einem südlichen Ortsteil von Guxhagen, auch Orte entstanden, die sich wie kleine Inseln anfühlen. Sie schaffen die einzige Szenerie, die noch schöner ist als ein Wochenende an der Fulda: ein Kurzurlaub mittendrin.

Dank Zeltplatz direkt am Wasser ist man der Fulda, die hier ganz ruhig ihre Schleifen zieht, Tag und Nacht ganz nah.

Von hier aus geht's zu Fuß, per Rad oder auch mit dem Kanu auf ganz unterschiedliche Ausflüge, zum Beispiel nach Melsungen (siehe Eskapade #8). Wer Frühaufsteher ist und den ganzen Tag Lust auf Action hat, wandert von Büchenwerra hin, hängt ans Frühstück im Café Traube (www.cafe-traube.com) einen kurzen Stadtbummel an und nimmt dann ein Kanu (buchbar auch mit Abholung in Büchenwerra übers Büro des Campingplatzes) zurück

Wer keine Fahrräder zum Campingplatz mitbringt, kann sich für die Fortbewegung auch einfach ein Kanu mieten.

Richtung Fuldaschleife. Direkt ab Büchenwerra können Boote aber auch stundenweise bei einem Kanuverleih wenige Gehminuten vom Campingplatz (www.fulda-kanurent.de) gebucht werden.

Bevor es von hier zurück ins Zelt geht, kann man sich entweder mit Proviant selbst versorgen oder unweit der Anlage eine Kleinigkeit in einem Biergarten essen gehen. In einem Gasthaus ganz in der Nähe (www.gasthaus-hartung.com) gibt's für den großen Hunger auch nordhessische Spezialitäten. Zum Tagesabschluss setzt man sich dann ganz gemütlich auf die Stufen einer winzigen Treppe zum Fluss und kann mit Glück nachts sogar den Sternenhimmel bewundern. Mit dem Plätschern der Fulda und dem Rascheln in der Wand aus Bäumen, die den Platz von der Autobahn trennt, als nächtliche Geräuschkulisse ...

Wer am zweiten Tag noch weiter auf Entdeckungstour gehen will, macht sich am Morgen auf den Weg Richtung Norden in den Ortskern von Guxhagen. Der historische Themenweg folgt dem Fluss, vorbei an einer futuristischen Kapelle, zum Kloster Breitenau (www.gedenkstaette-breitenau.de). Letzteres hat eine finstere Vergangenheit als KZ und Arbeitslager und beheimatet heute eine Gedenkstätte. Das engagierte Team hat dort einen Ort geschaffen, der ganz menschlich von einer Zeit erzählt, die ewig weit weg erscheint, aber noch gar nicht lange zurückliegt. Der Besuch kann einen während des Rückwegs am anderen Fuldaufer schon mal nachdenklich machen ...

FAZIT: EINE INSEL ALS BASIS FÜR ERKUNDUNGSTOUREN – MEHR FULDA GEHT NICHT.

Hin & weg: Bus 448 ab Bahnhof Guxhagen oder mit dem Auto zum Campingplatz.

Beste Zeit: In den sonnenverwöhnten Wochen des Sommers, wenn von Regen weit und breit nichts zu sehen ist.

Dauer & Strecke: Fußweg nach Melsungen 3 Std., 10,2 km, 278 Hm.; Kanutour z. B. ab Melsungen ca. 4 Std., 17 km. Historischer Themenwanderweg Guxhagen-Büchenwerra 2,5 Std., 6,4 km.

Ausrüstung: Campingausrüstung, 50-Cent-Stücke für die Dusche am Campingplatz.

Wenn es Nacht wird: Campingplatz Fuldaschleife (www.fuldaschleife.de).

VON SCHLÖSSERN UND FLÜSSEN

... auf dem Werra-Burgen-Steig

Elf Burgen und Schlösser und einen Fluss umfasst der hessische Werra-Burgen-Steig zwischen Hann. Münden und Nentershausen bei Bebra. Eines der schönsten Schlösser liegt direkt auf den Startetappen und ist vom Übernachtungsort aus sogar unterm Sternenhimmel zu bewundern.

#vomFlusszumSchloss #Genusswandern #NachtimBaumhaus

Mehr Mittelalterromantik als der Blick auf Schloss Berlepsch geht nicht. Wer ganz nah ranwill, kommt zur Schlossführung.

Zwischen einem guten Dutzend Burgen, Schlössern und Herrenhäusern entlang des hessischen Werra-Burgen-Steigs ist es gar nicht mal so einfach herauszustechen. Da sind Mauern mit fast 1000 Jahre alter Geschichte, Ausblicke auf Burgen, die trotz weniger Hundert Meter Abstand über beachtliche Zeiträume auf unterschiedlichen Seiten einer Grenze standen, und prächtige Herrschaftssitze derer, die das Leben entlang der Werra für Generationen von Menschen prägten.

Und doch zieht ein Schloss den Wanderer wie magisch an. Schloss Berlepsch nördlich von Witzenhausen ist mit seiner Mischung aus mittelalterlichen Ursprüngen, neogotischen

Einflüssen und dem für die Region typischen Fachwerk eines der schönsten Etappenziele auf der Route. Das Schloss befindet sich in 19. Generation im Familienbesitz und hat neben etlichen Schlossführungen auch schon für Filmdrehs seine Türen geöffnet.

Heute blüht hier oben die Natur, Schafe weiden am Straßenrand und im Wald in direkter Nachbarschaft liegt mit dem Baumhaushotel Robins Nest einer der spektakulärsten Übernachtungsorte Hessens. Wer hier nächtigt, wird nach der Wanderung auch im dazugehö-

Der gesamte Werra-Burgen-Steig führt über 500 Kilometer durch Nordhessen und wurde schon als eine der schönsten Fernstrecken Deutschlands ausgezeichnet.

renden Restaurant versorgt, Proviant für den Weg kann aber trotzdem nicht schaden – der erste Tag kann sich ganz schön ziehen.

Die ersten drei Tagesetappen des Werra-Burgen-Steigs führen über Schloss Berlepsch nach Witzenhausen. Da zwei davon relativ kurz sind und der Weg nicht sehr steil, lassen sich die drei Abschnitte mit etwas Kondition und einem Zwischenstopp im Baumhaushotel aber auch gut in zwei Tagen laufen. Los geht's am Bahnhof Hann. Münden, gerade noch auf niedersächsischer Seite, wo es erst zum Welfenschloss und dann ein ganzes Stück weit an der Werra entlanggeht. Wer mag, kann auch ein Stück mit dem Bus Richtung Lippoldshausen abkürzen.

Hier zeigen sich dann auch gleich die gegensätzlichen Schicksale, die historische Bauten erfahren können, denn während einige Burgen am Weg noch sehr gut erhalten sind, sind von der Ruine der Lippoldsburg nur noch kleine Teile der Grundmauern zu sehen und selbst die werden von Wald überwuchert. Aber das Prachtstück des Steigs ist ja ohnehin nicht mehr weit. Und der Weg hin, über Wald- und Feldwege, ist eine echte Genusswanderung.

Nach der Übernachtung im Baumhaushotel geht es am nächsten Tag auf eine der kürzesten Etappen des Steigs von Schloss Berlepsch nach Witzenhausen und damit vorbei an Kirschplantagen zurück in Richtung Werra. Die fließt hier mittendurch durch die schöne Altstadt, in die sich vor der Rückfahrt in jedem Fall noch ein Abstecher lohnt.

FAZIT: KAUM IRGENDWO LÄSST ES SICH SO SCHÖN DURCH DIE HESSISCHE GESCHICHTE WANDERN WIE HIER.

Hin & weg: Bahn nach Hann. Münden. Zurück geht's vom Bahnhof Witzenhausen-Nord.

Beste Zeit: Mai–September. Der Wald schützt vor der gröbsten Sommerhitze.

Dauer & Strecke: 2 Wandertage. Reine Gehzeit 8,5 Std., 28,1 km, 800 Hm.

Ausrüstung: Das Nötigste für die Nacht, gute Schuhe.

Wenn es Nacht wird: Baumhaushotel Robins Nest (www.robins-nest.de).

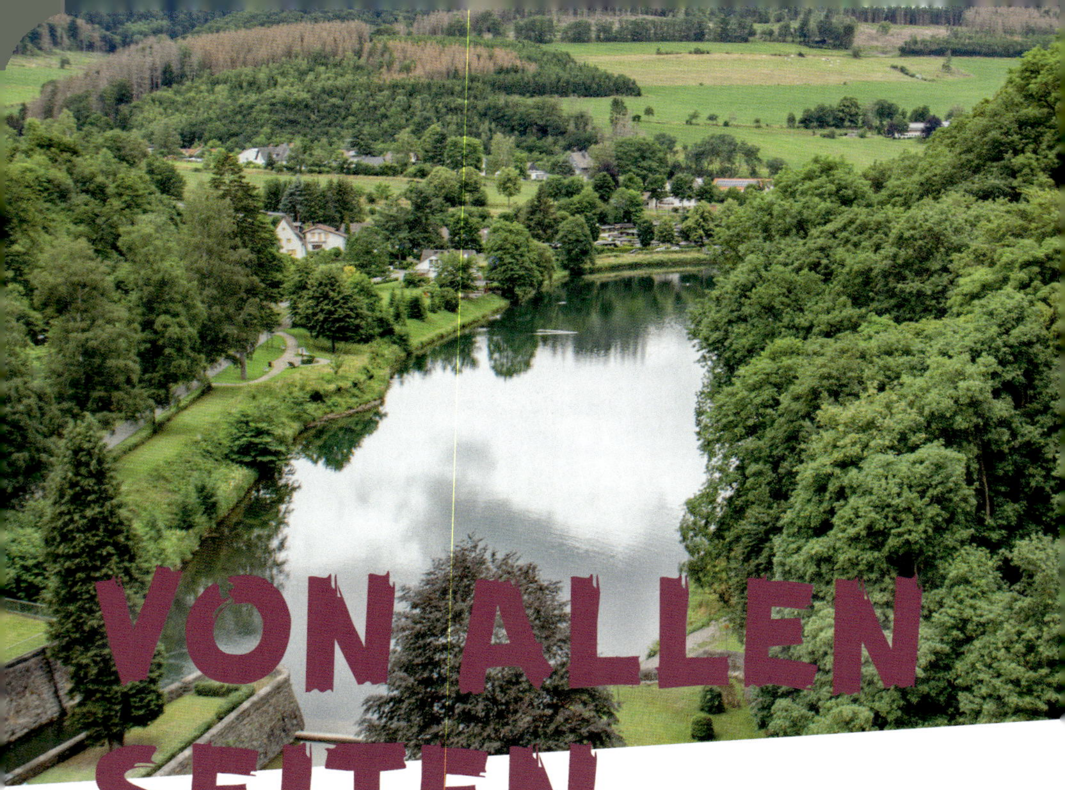

VON ALLEN SEITEN

… am Diemelsee

#50

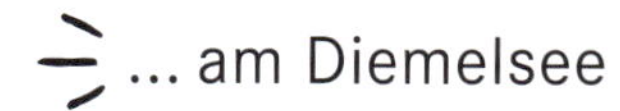

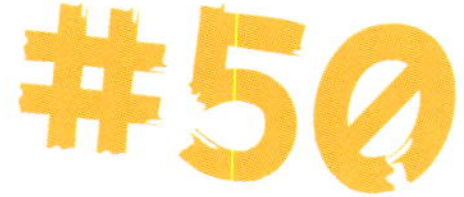

Der Diemelsteig führt in drei bis vier Etappen durch den Naturpark Diemelsee. Wer lieber am Wasser bleibt, kann aber herrlich auf eine Zweitagestour abkürzen. Die Nacht verbringt man unter freiem Himmel an einem Aussichtspunkt überm See. Und am Morgen dann: Rein ins kühle Nass!

#Seeumrundung #NachtunterSternen #ganznahran #StaunMauer

So ein bisschen Vorgeschmack auf den Herbst steht dem Diemelsee ja gar nicht schlecht. Im Wasser spiegeln sich bunte Landschaftsbilder, Regentropfen ziehen langsam Kreise auf dem ruhigen See. Und das Wasser selbst, das zeigt sich unter der dicken Wolkendecke tiefgrün und irgendwie auch ein bisschen mysteriös … Das Abenteuer kann beginnen.

Nach einem kurzen Blick auf den See geht's auch schon ab auf den Diemelsteig, der neben der Strecke in Hessen auf insgesamt 63 Kilometern und 1700 Höhenmetern auch Abstecher ins nordrhein-westfälische Sauerland macht (kompletter Verlauf unter www.diemelsee.de). Neben dem Stausee direkt an der Grenze trifft der Langstreckenwanderer auch mehrfach auf das Flüsschen Diemel selbst, das sich südöstlich von Willingen im Rothaargebirge auf den Weg Richtung Weser macht.

Wer nicht gleich die kompletten drei bis vier Wandertage gehen will, kann sich die Route auch prima zu einer Schnuppertour mit nur einer Übernachtung zurechtkürzen. Los geht's am Parkplatz Am See am Nordufer. Die Landschaft hier ist im 335 Quadratkilometer großen Naturpark Diemelsee zusammengefasst, um dessen Erhalt sich zahlreiche Naturschützer kümmern – warum, davon zeichnet kaum eine Wanderrunde so ein schönes Bild wie der Diemelsteig, der die Natur in all ihrer Vielfalt zeigt. Östlich des Ortsteils Diemelsee-Stormbruch wird der offiziell markierte Steig dann verlassen und ein wenig geschummelt. Der Weg folgt dem südlichen Diemelsee-Zufluss Hagenbicke und überquert an seinem südlichen Ausläufer die Diemel. Immer am See entlang geht es nach Heringhausen, wo die Schilder mit dem geschwungenen »D« wieder auftauchen. Das Tagesziel ist ganz nah!

Abendessen gibt's etwa in der Gaststätte Seeblick (www.gaststaette-seeblick.de), bevor es in die Finaletappe und noch mal ein Stück bergauf geht. Die heutige Schlafgelegenheit ist die Klippe Sankt Muffert. An vielen Orten im Naturpark hat der Trekkingpark Sauerland Plätze eingerichtet, wo Naturlieb-

Die 42 Meter hohe Staumauer des Diemelsees stammt noch aus der Kaiserzeit und besteht aus über 70 000 Kubikmeter Mauerwerk. Wer Glück hat, erhascht von Weitem einen Blick ins Innere.

haber auf Holzplateaus (nach obligatorischer Buchung) ihr Nachtlager einrichten können – sofern Natur und Wetter das am Reisetag zulassen. Zum Trekkingplatz gehört auch eine Komposttoilette.

Gut geschlafen? Dann ist jetzt der richtige Zeitpunkt, um zusammenzupacken und noch mal den Blick über den See zu genießen. Etwas nördlich von Sankt Muffert liegt mit der Aussichtsplattform Diemeltalsperre ein weiterer herrlicher Punkt mit endlos weiten Panoramablicken, bevor es wieder ganz nah rangeht ans Wasser. Der Diemelsteig führt zurück ins Tal, direkt am Fuße der Anfang des 20. Jahrhunderts konstruierten Staumauer entlang. Und wenn sich das trübliche Spätsommerwetter über Nacht verzogen hat, lohnt es sich vielleicht ja doch noch, die Badesachen auszupacken – das Strandbad Diemelsee jedenfalls ist keine zehn Minuten Fußweg vom Parkplatz entfernt.

Hin & weg: Mit dem Auto zum Diemelsee.

Beste Zeit: Ende August–Mitte November (dann schließen die Trekkingplätze).

Dauer & Strecke: 1,5 Wandertage. Reine Gehzeit 7,5 Std., 24,6 km, 731 Hm.

Ausrüstung: Zeltausrüstung, Proviant für die Nacht. Und ganz wichtig: Müllbeutel, damit am Trekkingplatz nichts zurückbleibt!

Wenn es Nacht wird: Trekkingplatz am Aussichtspunkt Sankt Muffert (www.trekkingpark.de).

FAZIT: HERRLICHE STRECKE, DER EIN BISSCHEN DRAMA SOGAR GANZ GUT STEHT...

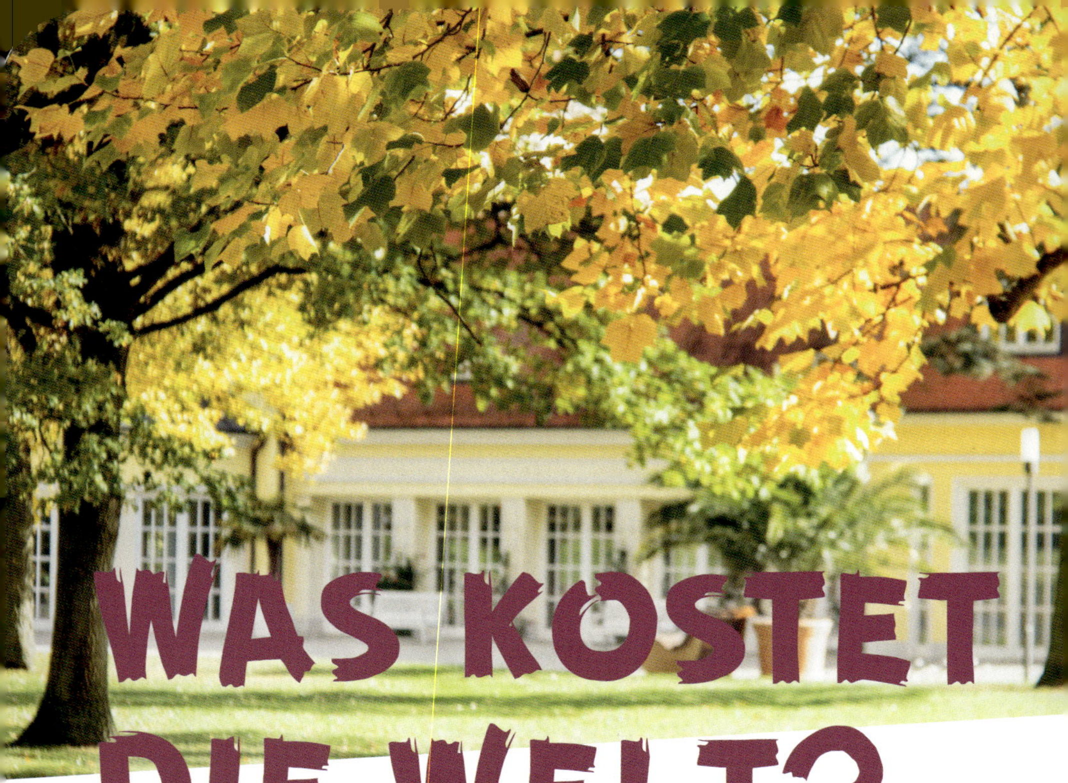

WAS KOSTET DIE WELT?

... in Bad Hersfeld

#51

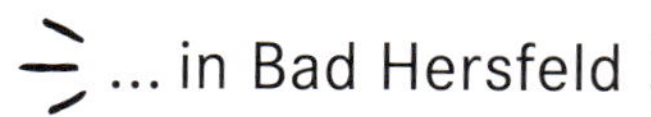

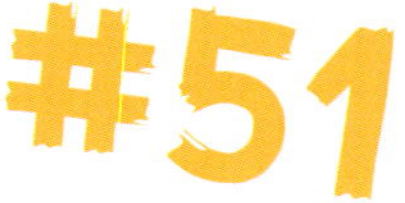

Tja, was ist eigentlich Luxus? Wellnessprogramm? Gourmetküche? Mal richtig viel Zeit für Entdeckungen am Wegesrand? Bei einem Wochenendausflug nach Bad Hersfeld kann man mal schön seine Prioritäten ausloten – und muss dabei noch nicht mal allzu tief in die Tasche greifen ...

#FensterinsGestern #gönndir #relaxenundschlemmen #Luxusleben

Mit gut 30 000 Einwohnern ist Bad Hersfeld die ideale Mischung aus einer der größten Städte der Region und Beschaulichkeit pur ... Und weil man hier Erlebnis und Runterkommen, Sightseeing und Schlenderei so schön verbinden kann, ist der Miniurlaub hierher der ideale Plan für ein Wochenende, das auch mal ein bisschen Luxus ins Leben bringt.

Und womit begänne das Gönn-dir-Wochenende sinnvoller als mit dem Plan, sich mal richtig schön viel Zeit zu nehmen? Ziel Nummer eins nach dem Check-In im Hotel ist mit der Stiftsruine das Wahrzeichen der Stadt. Im 11. Jahrhundert entstanden, war sie mal eine der größten kirchlichen Hallenbauten in ganz Deutschland. In Ruinen liegt sie bereits seit Ende des Siebenjährigen Kriegs im Jahr 1761 – aus heutiger Sicht macht das den Besuch aber noch ein bisschen spektakulärer, denn der Blick in den blauen Himmel ist ja auch irgendwie Luxus ...

Im Sommer zum Beispiel ist die Stiftskirche eine wirklich einzigartige Kulisse für das Theater- und Musicalprogramm der Bad Hersfelder Festspiele (www.bad-hersfelder-festspiele.de), die zahlreiche Besucher aus ganz Deutschland anziehen. Sie ist aber auch das restliche Jahr über einen Besuch wert – und der schönste Ort in der Stadt, um auf Zeitreise zu gehen. Genug bewundert? Dann geht's jetzt auf die große Runde – die Stadt hat schließlich noch einige andere Perspektiven auf Lager.

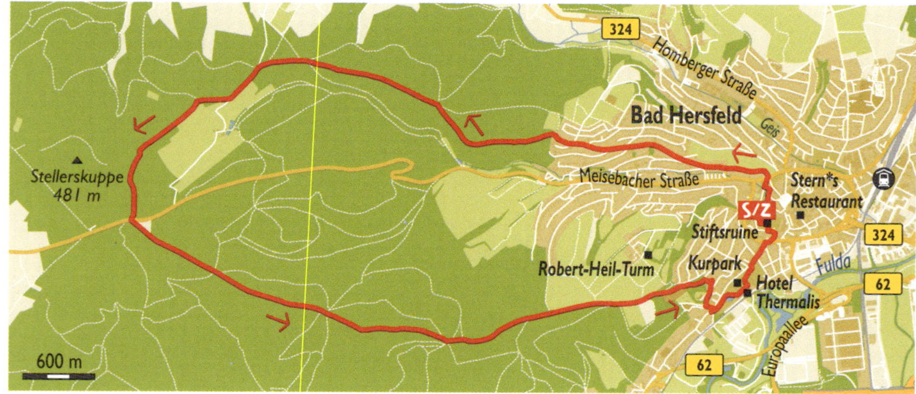

Mit bunt gefärbtem Kurpark, historischen Fachwerkhäusern und dem Blick in die umliegenden Hügel zeigt sich auf der Tour die ganze Vielfalt Bad Hersfelds.

Von der Stiftsruine aus führt ein Spazierweg in die herrliche Natur im Westen der Stadt, die mit dem Ende des Sommers noch mal richtig viel Farbe ins Leben bringt. Knackig rauf geht's erst mal in Richtung Tageberg, in dessen unmittelbarer Nähe ein Aussichtsturm für ganz neue Stadtansichten sorgt. Wem statt einer ausgewachsenen Wanderung ein kurzer Spaziergang reicht, der folgt von hier aus dem Katharinenweg wieder talwärts Richtung Altstadt. Wer dagegen Zeit zum Wandern wie so viele als Luxus empfindet, läuft die große Runde über Stellerskuppe und Glimmes.

Zurück im Zentrum startet das Kontrastprogramm: Die Wanderschuhe können nach Belieben gegen Bademantel oder schickes Abendoutfit getauscht werden, Therme oder Gourmetküche rufen. In der Bad Hersfelder Innenstadt öffnet das Sternerestaurant L'Étable ein Fenster in die Welt der Gourmets. Etwas preiswerteren kulinarischen Luxus gibt's im Restaurant Stern*s – beide gehören zum zentral gelegenen Romantikhotel Zum Stern (www.zumsternhersfeld.de).

Als Übernachtungsgelegenheit rundet das Kurbad-Hotel Thermalis das Luxusprogramm dann ab. Und zwar vor allem dann, wenn man bereit ist, sich den Luxus zu gönnen, vom Sonnenaufgang geweckt zu werden. Hotelgäste haben als Frühschwimmer die vom Hotel aus erreichbare Therme für sich allein – der Eintritt ist in der Übernachtung inbegriffen.

FAZIT: SO INDIVIDUELL WIE DIE DEFINITION VON LUXUS KANN HIER AUCH DER STÄDTETRIP WERDEN.

Hin & weg: Per Bus oder Bahn nach Bad Hersfeld.

Beste Zeit: Wenn im Herbst die Festspielbühne abgebaut und die Stiftsruine wieder allein der Star ist.

Dauer & Strecke: Ein Wochenende. Stadtrundgang ab Stiftsruine 4,5 Std., 14,4 km, 267 Hm.

Ausrüstung: Handywecker und Badesachen für einen entspannten Tagesauftakt in der Therme. Wanderproviant für unterwegs.

Wenn es Nacht wird: Hotel Thermalis (www.hotelthermalis.de).

LICHT INS DUNKEL

… im südlichen Nationalpark

#52

Wenn die einen die Wandersaison für beendet erklären und die Stiefel in den Keller stellen, geht für andere die Liebe zur Natur erst richtig los. Zum Wandern im Herbst und Winter bietet der südliche Teil des Nationalparks ideale Bedingungen und ein gemütlicher Ferienpark die perfekte Basis.

#HäuschenamWald #gemeinsameZeit #RundeamSee #Spieleabendalarm

Der See am Fuße des Ferienparks liegt zwar streng genommen noch nicht im Nationalpark, ist aber die beste Begrüßung für die Tage im Wald, die auf die Kurzurlauber warten.

Die goldenen Stunden des Tages, in denen das Licht wärmender Sonnenstrahlen auf das längst herabgesegelte Herbstlaub fällt, können einen so richtig vergessen lassen, wie kühl es eigentlich schon außerhalb von dickem Pulli und Regenjacke ist. Die Natur ist im Pausenmodus, der Winter im Anzug – ob das nicht doch ein Grund ist drinnenzubleiben? Natürlich nicht!

Gerade jetzt ist so eine Auszeit in der Natur besonders herrlich, sodass man sich ruhig mal seine Freunde schnappen und zum Jahresabschluss eines der gemütlichen Häuser im Feriendorf Frankenau im Süden des Kellerwalds mieten kann. In den Rucksack wandern zur Vorbereitung neben gemütlich kuscheligen Pullis und dicken Wanderhosen auch einiges an Proviant für ein oder zwei nette Kochabende und ein paar Fläschchen Wein – so kann der Mini-Urlaub nichts anderes werden als die pure Gemütlichkeit.

Direkt unterhalb des Feriendorfs mit seinen über 50 schönen Häusern begrüßt die Gäste ein kleiner See, den man für nette Spaziergänge am Morgen auch mehrfach umrundet, beinahe ohne es zu bemerken. So schön ist die Landschaft, wenn die Sonnenstrahlen aufs Wasser fallen und die letzten verbliebenen Herbstfarben sich im Wasser spiegeln. Um immer hier im Park zu bleiben, ist die verbleibende Natur des Nationalparks aber zu nah – und die Wahrscheinlichkeit etwas zu verpassen einfach viel zu groß.

Rein in die geschützten Waldflächen geht's am Nationalparkeingang Kellerwalduhr, zu dem ein kleines Informationszentrum gehört, das im Winter an den Wochenenden kostenlos für Besucher geöffnet hat und eine Einführung in die spannende Natur ringsum gibt. Der Wald

Als einziger Nationalpark Hessens ist der Kellerwald ohnehin schon ein kleines Unikat, und die Herbst- und Winterstimmung machen die Landschaft hier noch einzigartiger.

für Einsteiger und Fortgeschrittene quasi, und ein toller Beginn für einen herrlichen Tag mittendrin. Wer nicht einfach der Nase nach wandern will, startet auf dem hier beginnenden Quernstweg, der Dreiherrenstein-Route oder einer Kombination aus beiden. Unterwegs zeigen sich mit Grenzsteinen, Sakralbauten und Waldweiden die Spuren der Vergangenheit. Und wie der »Urwald von morgen«, der hier dank der strengen Regeln des Nationalparks entsteht, wohl aussehen wird, das kann man sich zwischen naturbelassenem Wuchs immerhin schon vorstellen.

Und wenn Wanderung oder Streifzug entlang von Wald oder See dann beendet sind, die Haut nach der langen Zeit draußen bei der Rückkehr ins Ferienhaus wohlig kribbelt und der Tee in der Tasse dampft, dann kann man dem Winter doch selbst als Sonnenanbeter eine Menge abgewinnen.

Hin & weg: Per Auto, Bus oder Anruf-Sammeltaxi zum Feriendorf Frankenau.

Beste Zeit: Wenn ab November die letzten goldenen Tage mit Winter-Vorfreude ausklingen.

Dauer & Strecke: Mindestens 2 Nächte. Wanderung am Quernst und Dreiherrenstein z. B. 3 Std., 9,5 km, 361 Hm.

Ausrüstung: Wanderschuhe, Proviant zum Selbstversorgen.

Wenn es Nacht wird: Feriendorf Frankenau, direkt am Waldrand (www.ferienparkfrankenau.de).

FAZIT: HÜTTENAUSZEIT MIT WLAN UND SPÜLMASCHINE – DAS BESTE ZWEIER WELTEN.

SONST NOCH WICHTIG

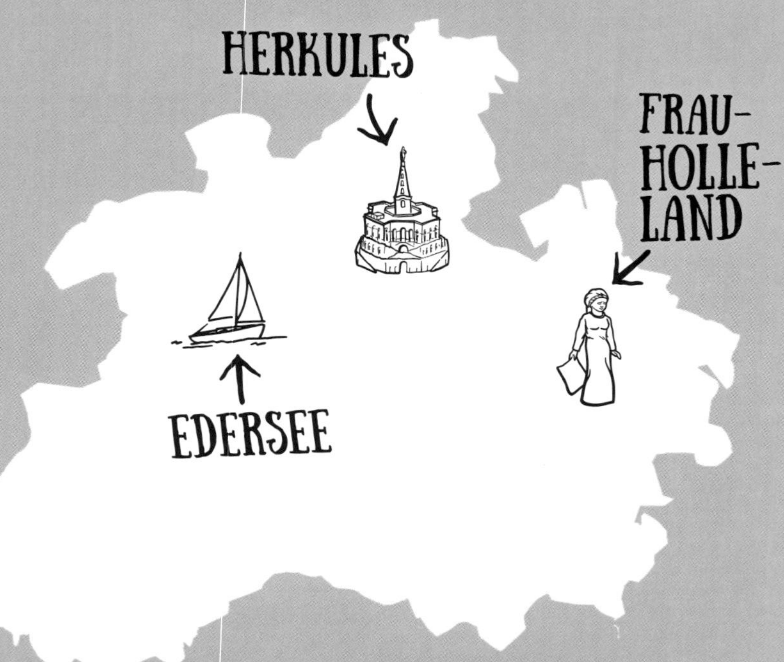

Ein- und Überblick

Karten für den schnellen Überblick, praktische Tipps, mehr über die Autorin sowie ein Ortsregister zum schnellen Nachschlagen gibt es auf den folgenden Seiten.

GPX-Download aufs Smartphone – so geht's

Voraussetzung:
Eine Outdoor-App muss installiert sein, z. B. KOMPASS, Outdooractive oder Komoot. Zum Einlesen des QR-Codes benötigen ältere Android-Geräte eine QR-Code-App. Bei neueren Android- und iOS-Geräten ist diese Funktion in der Kamera integriert.

Daten downloaden:

1. Den QR-Code einlesen oder die Webadresse im Browser eingeben, um auf die Eskapaden-Website zu gelangen.
2. Die gewünschte Tour zum Download anklicken.
3. Bei IOS-Geräten werden die GPX-Daten direkt mit der vorab installierten App verknüpft. Bei Android-Geräten muss ggf. noch ein Weiterleiten-Button geklickt werden (z. B. oben rechts im Display). Manche Apps zeigen den Tourverlauf starr an, andere haben eine Navigationsfunktion dabei.

Tourenverlauf

GPX-Daten zum kostenlosen Download
www.dumontreise.de/eskapaden/kassel-nordhessen

short.travel/3ea7t

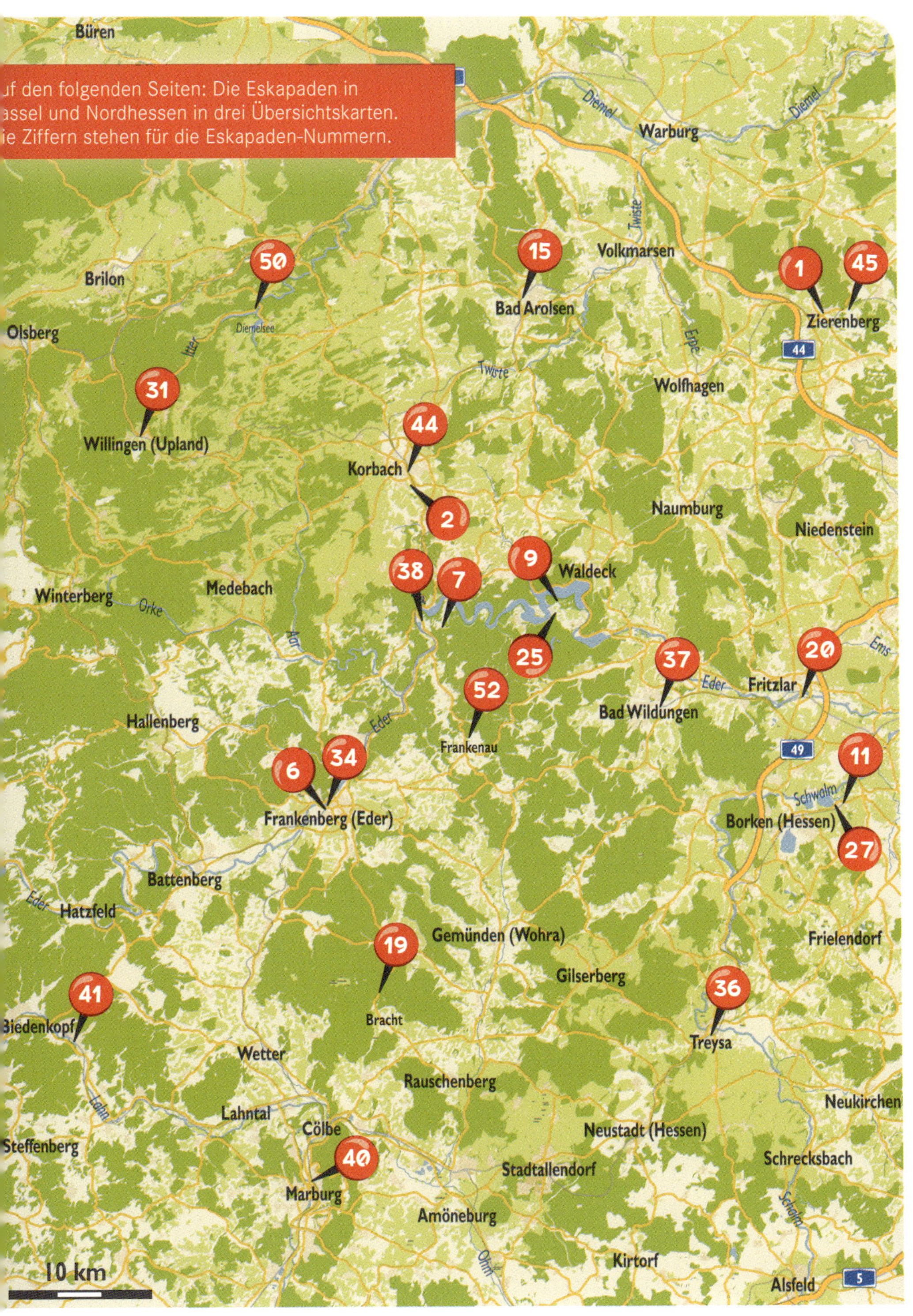
uf den folgenden Seiten: Die Eskapaden in
assel und Nordhessen in drei Übersichtskarten.
ie Ziffern stehen für die Eskapaden-Nummern.
Büren
Diemel
Warburg
Diemel
Twiste
Volkmarsen
15
Bad Arolsen
1
45
Zierenberg
44
50
Brilon
Diemelsee
Olsberg
Itter
Erpe
31
Willingen (Upland)
Twiste
Wolfhagen
44
Korbach
2
Naumburg
Niedenstein
38
7
9
Waldeck
Winterberg
Orke
Medebach
Aar
25
37
20
Ems
52
Eder
Fritzlar
Bad Wildungen
Hallenberg
Eder
Frankenau
6
34
49
11
Frankenberg (Eder)
Schwalm
Borken (Hessen)
27
Battenberg
Eder
Hatzfeld
19
Gemünden (Wohra)
Frielendorf
Gilserberg
41
36
Biedenkopf
Bracht
Treysa
Wetter
Rauschenberg
Lahn
Neukirchen
Lahntal
Neustadt (Hessen)
Cölbe
Steffenberg
40
Schrecksbach
Stadtallendorf
Marburg
Amöneburg
Schwalm
Ohm
Kirtorf
10 km
Alsfeld
5

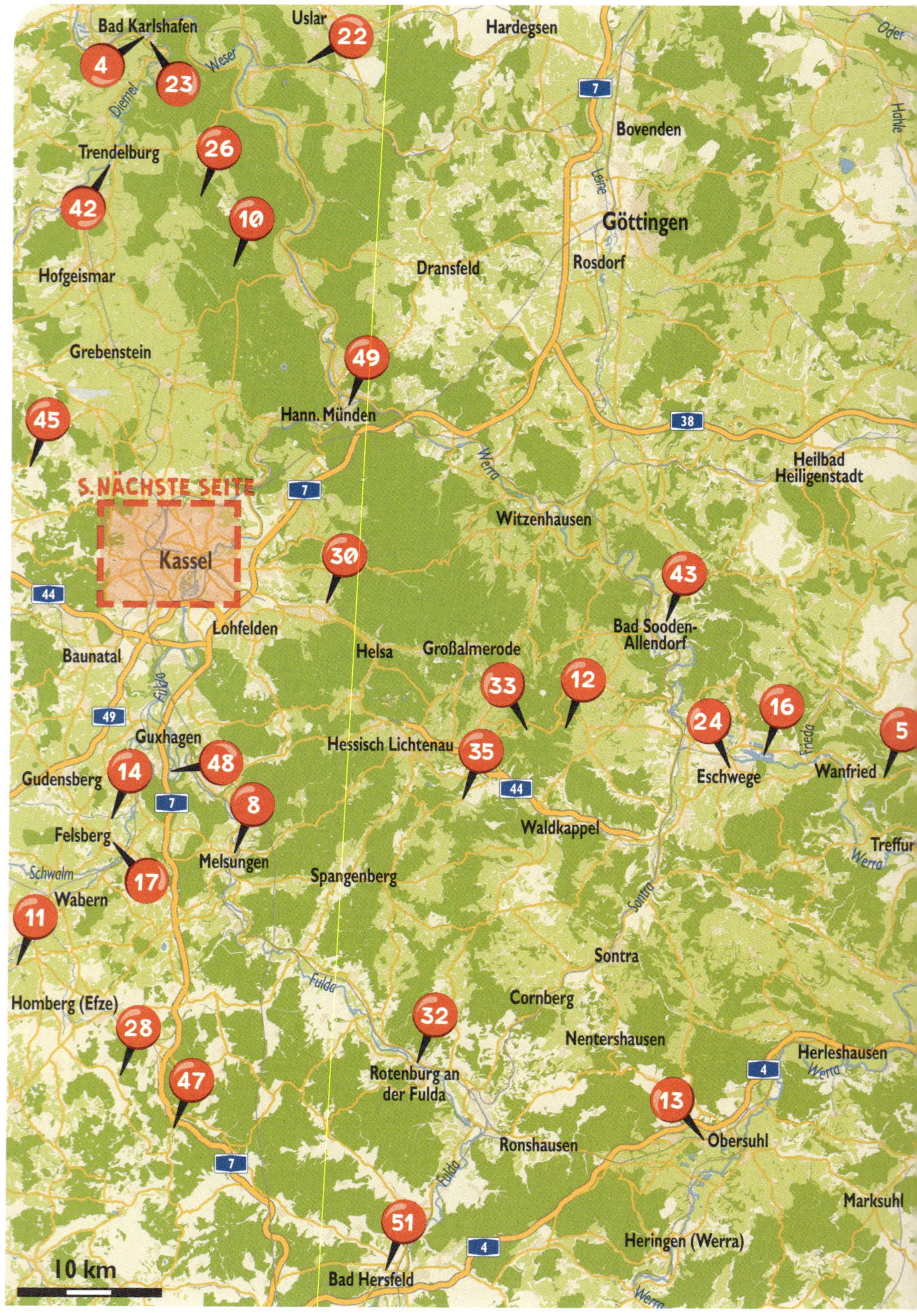

Bad Karlshafen
Uslar
Hardegsen
Oder
Weser
Diemel
Hahle
Bovenden
Trendelburg
Leine
Göttingen
Rosdorf
Dransfeld
Hofgeismar
Grebenstein
Hann. Münden
Werra
Heilbad Heiligenstadt
S. NÄCHSTE SEITE
Kassel
Witzenhausen
Lohfelden
Bad Sooden-Allendorf
Baunatal
Helsa
Großalmerode
Fulda
Guxhagen
Hessisch Lichtenau
Eschwege
Wanfried
Frieda
Gudensberg
Felsberg
Melsungen
Waldkappel
Treffur
Schwalm
Wabern
Spangenberg
Sontra
Homberg (Efze)
Cornberg
Nentershausen
Herleshausen
Rotenburg an der Fulda
Ronshausen
Obersuhl
Marksuhl
Heringen (Werra)
Bad Hersfeld
10 km
4
23
22
26
42
10
49
45
30
43
33
12
24
16
5
35
14
48
8
17
11
32
28
47
13
51
7
38
44
49
4

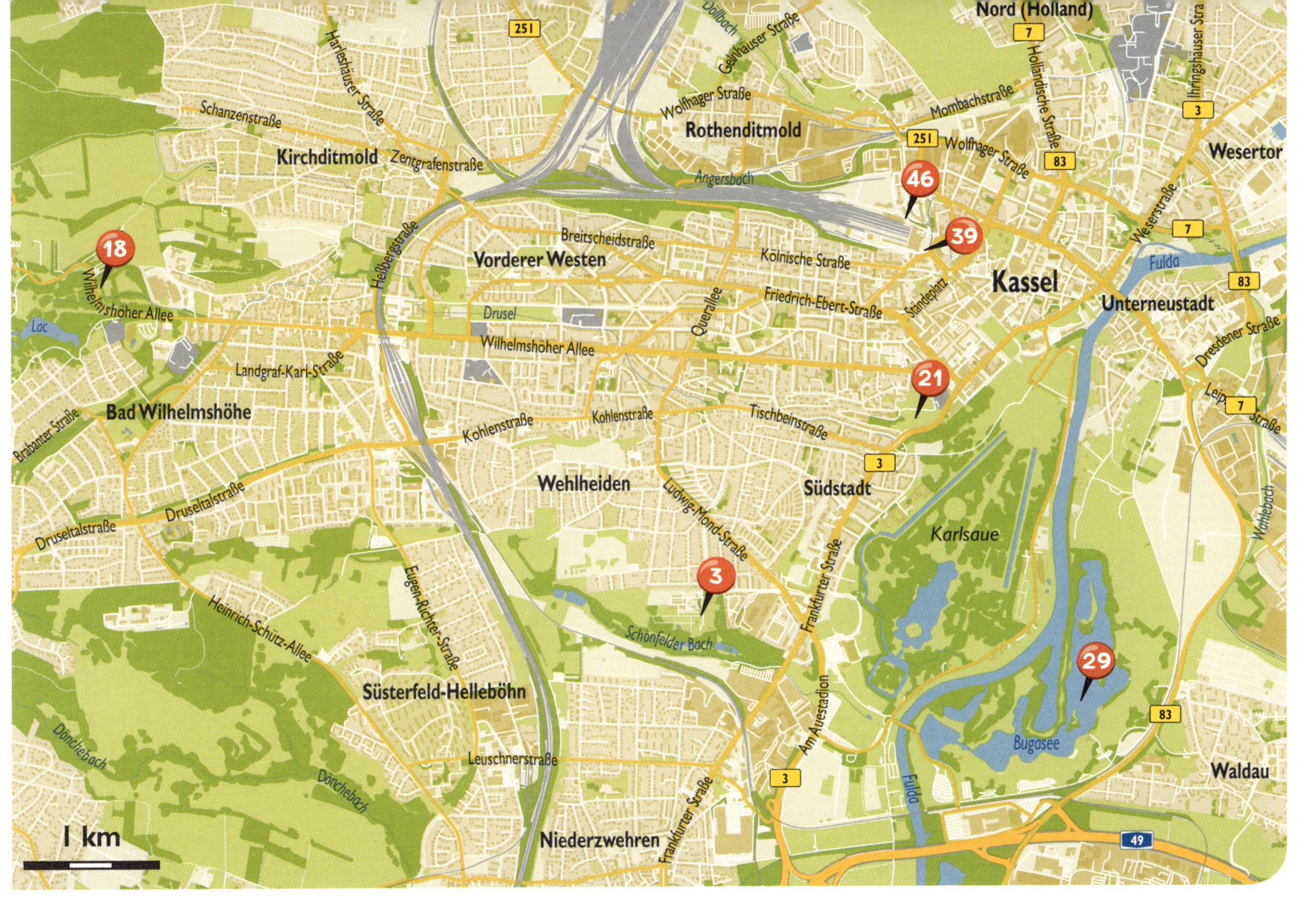

Nord (Holland)
Kassel
Wesertor
Unterneustadt
Rothenditmold
Kirchditmold
Vorderer Westen
Bad Wilhelmshöhe
Wehlheiden
Südstadt
Karlsaue
Bugasee
Waldau
Süsterfeld-Helleböhn
Niederzwehren
Holländische Straße
Mombachstraße
Wolfhager Straße
Gelnhauser Straße
Harleshäuser Straße
Schanzenstraße
Zentgrafenstraße
Heßbergstraße
Breitscheidstraße
Kölnische Straße
Friedrich-Ebert-Straße
Ständeplatz
Queralle
Wilhelmshöher Allee
Landgraf-Karl-Straße
Brabanter Straße
Kohlenstraße
Tischbeinstraße
Druseltalstraße
Ludwig-Mond-Straße
Frankfurter Straße
Am Auestadion
Eugen-Richter-Straße
Heinrich-Schütz-Allee
Leuschnerstraße
Weserstraße
Dresdener Straße
Ihringshäuser Stra
Leip
Straße
Fulda
Drusel
Lac
Angersbach
Döllbach
Schönfelder Bach
Dönchebach
Wahlebach
1 km

NOCH MEHR ESKAPADEN ...

ISBN 978-3-7701-8072-1

ISBN 978-3-7701-8096-7

ISBN 978-3-7701-8099-8

... erhalten Sie im gut sortierten Buchhandel und unter www.dumontreise.de 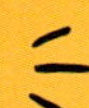

IMPRESSUM

Reihenkonzept Monique Sorban

Projektmanagement Susanne Heimburger, Svenja Heinle & Tamara Siedler

Cover-/Buchgestaltung & Illustrationen Carolin Weidemann, Köln, www.weidemann-design.com

Umschlaggestaltung, Lektorat & Produktion Verlagsbüro Wais & Partner (Beate König, Julia Rietsch, Kai Wieland), Stuttgart, www.wais-und-partner.de

Text & Fotos Sandra Kathe, Frankfurt am Main, www.kofferstiftpapier.com; mit folgenden Ausnahmen: Felix Hormel, Frankfurt am Main, www.gude-felix.de (S. 5, 10, 23, 54, 56, 58, 73, 78, 82, 93, 99, 101, 103, 104, 107, 121, 150, 153, 163, 182, 185, 198-200, 231); Cora Zinn (S. 126); Kirsten Scheinert (S. 110)

Kartografie © KOMPASS, Innsbruck, unter Verwendung von Kartendaten von © OpenStreetMap-Mitwirkende, Lizenz CC-BY-SA 2.0

Hinweis Alle Informationen wurden mit größtmöglicher Sorgfalt geprüft. Infolge der Corona-Pandemie kann es allerdings zu kurzfristigen Geschäftsschließungen und anderen Änderungen vor Ort gekommen sein.

Printed in Poland

1. Auflage 2022

ISBN 978-3-616-11024-0

www.dumontreise.de

Weiterlesen

Wenn die Region ein Talent hat, dann ist es die Gabe, Geschichten zu erzählen. Darauf hat sich auch der Zusammenschluss der Tourismusverbände spezialisiert und gibt unter www.grimmheimat.de eine riesige Bandbreite an Ideen, wie man die Region erleben kann. Auch Neuigkeiten und wichtige Informationen gibt es hier und auf den Partnerseiten vor Ort.

Geschmackssachen

Für Fans von Fleischlosem sind die Spezialitäten der Region nun wirklich nicht gemacht: Die Stars auf dem Teller heißen Ahle Wurscht und Weckewerk. Im Glas überrascht die Region mit dem nördlichsten Rheingau-Wein (Eskapade #14) und fantastischem Bier, etwa von der Kasseler Kreativbrauerei Steckenpferd (www.braumanufaktur-steckenpferd.de).

GUT ZU WISSEN ...

Ohne Auto

Dank ordentlich ausgebautem Regionalbahnnetz ist von den Knotenpunkten Kassel, Bad Hersfeld, Wabern und Korbach so mancher Winkel mit der Bahn zu erreichen. Rund um den Edersee im Westen und Eschwege im Osten sorgen auch viele Busse für Mobilität. Alle Infos unter www.nvv.de

Sicherheit & Notfälle

Da kann das Funkloch noch so tief sein: Die Notrufnummer 112 hat zum Glück Vorfahrt und funktioniert daher in Notfällen zum Glück so gut wie überall.

Vor Ort im Netz

Wer hier unterwegs ist, kann sich auf dem Smartphone gleich einen ganzen Ordner für gute Apps anlegen. Vom Weltnaturerbe Buchenwälder über den Geo-Naturpark Frau-Holle-Land bis zu den versunkenen Orten des Edersees passt alles in die Hosentasche.

ESKAPADEN-REGISTER ...

Alle Orte mit Seitenverweisen

SANDRA KATHE

... über die Autorin

So groß ihre Liebe zur Stadt auch sein mag: Die Wahl-Frankfurterin zieht's immer wieder raus in die Natur. Und die vereint im Norden Hessens das beste zweier Welten: Alpine Pfade, Wasserfälle und eine Wildbachschlucht sorgen für Bergmomente, die Weite des Edersees und wilde, naturbelassene Landschaften entlang der Flüsse bringen das Meer manchmal – zumindest gefühlt – ganz nah.

Journalistin geworden ist Sandra, weil sie Geschichten liebt, und die liegen kaum an einem anderen Ort so vielseitig in Form von Märchen und Mysterien in der Luft. So ist die Abenteuersuche in der Region zur Herzensangelegenheit geworden, und einige Orte Nordhessens zu solchen, an die sie immer wieder zurückkehrt.

Bunt und ausgefallen

Eskapade #3: Kaum irgendwo ist der Kasseler Frühling so bunt und vielseitig wie im Botanischen Garten der Stadt. Und ein geschütztes Kakteenhaus sorgt in der Anlage am Nordrand des Parks Schönfeld sogar für eine Spur Exotik.

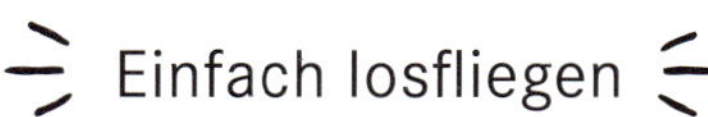

Einfach losfliegen

Eskapade #16: Wenn der Herbstwind ruft, wer kann da schon Nein sagen? Mit dem Lenkdrachen im Gepäck geht's ganz nah ran an die Ufer des Werratalsees im Nordosten von Eschwege und dann ab in die Lüfte. Wer braucht da schon das Meer?

5 BESONDERE EMPFEHLUNGEN ...

Rekordverdächtig

Eskapade #37: Im größten Kurpark Europas geht's alles andere als verschlafen zu: Im grünen Herzen von Bad Wildungen führen Wanderwege zu Märchenschlössern und sogar das Wassertreten wurde hier mehr oder weniger neu erfunden.

Frauenpower

Eskapade #21: Im Weltruhm der Gebrüder Grimm gehen ihre Quellen gerne mal unter. Doch im Süden von Kassel nimmt die Geschichte von Dorothea Viehmann Märchenfans mit in die spannende Entstehungszeit der Geschichtensammlungen.

Echt stabil

Eskapade #50: Im Schatten der gigantischen Staumauer am Edersee wird die Diemeltalsperre gerne mal unterschätzt. Dabei zeigt sie sich eigentlich aus den faszinierenderen Perspektiven. Wer neugierig ist, kommt auf dem Diemelsteig im Zickzackkurs ganz nah ran.

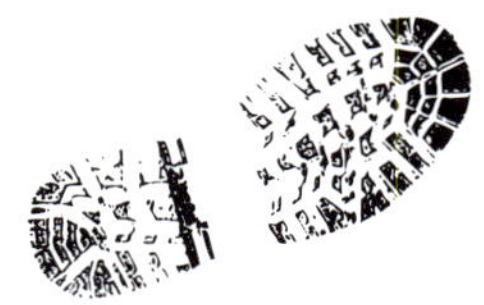